本书由北京市教育科学"十三五"规划2018年度优先关注课题
"新时期教师师德建设的现状与对策研究"（AEFA18012）资助出版

新时代中小学
师德师风建设进展研究

以北京市为例

高慧斌　等著

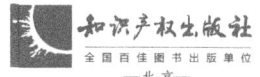

图书在版编目（CIP）数据

新时代中小学师德师风建设进展研究：以北京市为例/高慧斌等著．—北京：知识产权出版社，2023.11

ISBN 978-7-5130-8964-7

Ⅰ．①新… Ⅱ．①高… Ⅲ．①中小学—教师—师德—研究—北京 Ⅳ．①G635.16

中国国家版本馆CIP数据核字（2023）第210268号

内容提要

师德师风是评价教师队伍素质的第一标准。北京市作为首善之区、京畿要地，率先垂范师德师风建设具有重要意义。本书以理论研究为基础，系统梳理十年来学术界围绕教师职业道德、教师专业道德、教师专业伦理和师德建设等方面的研究脉络、观点与进展；以政策研究为核心，梳理分析北京市师德师风制度建设的背景、要义和成效；在理论研究和政策研究的基础上，设置指标体系，开展调查研究和案例分析，以此总结成效、发现问题，并提出对策建议。

本书适合教育研究者、教育管理者、一线教师及社会各界阅读使用。

责任编辑：李海波　　　　责任印制：孙婷婷

新时代中小学师德师风建设进展研究——以北京市为例
XINSHIDAI ZHONGXIAOXUE SHIDE SHIFENG JIANSHE JINZHAN YANJIU
——YI BEIJINGSHI WEILI

高慧斌 等著

出版发行：知识产权出版社有限责任公司	网　　址：http://www.ipph.cn
电　　话：010—82004826	http://www.laichushu.com
社　　址：北京市海淀区气象路50号院	邮　　编：100081
责编电话：010—82000860 转 8582	责编邮箱：laichushu@cnipr.com
发行电话：010—82000860 转 8101	发行传真：010—82000893
印　　刷：北京中献拓方科技发展有限公司	经　　销：新华书店、各大网上书店及相关专业书店
开　　本：720mm×1000mm　1/16	印　　张：11.25
版　　次：2023年11月第1版	印　　次：2023年11月第1次印刷
字　　数：150千字	定　　价：68.00元
ISBN 978-7-5130-8964-7	

出版权专有　侵权必究
如有印装质量问题，本社负责调换。

前言

师德师风是评价教师队伍素质的第一标准。党的十八大以来，党中央、国务院高度重视师德师风建设。习近平总书记曾多次走访北京市中小学，对中小学教师提出了潜心育人的叮嘱和要求。北京市作为首善之区、京畿要地，率先垂范师德师风建设具有重要意义。

从理论研究来看，学者以显性和隐性的师德问题为导向，围绕教师职业道德、教师专业道德、教师专业伦理和师德建设等方面开展深入研究，为不断完善师德理论研究和加强师德师风建设提供了强劲的思想动力，形成了独具新时代特色的研究趋势和热点。师德概念聚向专业道德和专业伦理，对师德边界模糊的认识更加理性化，赋予了新时代师德内涵。师德内部机理的深化研究表现为专业道德决策、道德敏感性和不同学段教师专业伦理。师德建设研究着重师德培育与师德养成并重、师德评价基于伦理正义并注重发展性评价、师德治理重在重申道德命令和加强法治思维。

从制度建设来看，北京市深入贯彻落实国家提出的加强师德师风建设的政策精神和要求，相继出台了《关于建立健全北京市中小学师德建设长效机制的实施意见》（2016年）、《新时代北京市中小学教师职业行为十项准则》（2019年）、《北京市中小学教师师德考核办法》（2019年）、《北京市中小学教师违反职业道德行为处理办法》（2019年）、《关于进一步加强和改进新时代师德师风建设的若干措施》（2020年）等一系列文件，旨在全面加强北京市中小学师德师风建设，提高教育质量。当前，北京市师德教育全覆盖的趋势基本形成，师德教育形式不断创新，师德榜样不断涌现，良好师德已融入教师教书育人的实践中。

从教师师德行为表现看，基于对北京市27所中小学校教师、学生、家长的问卷调查发现，教师对自身和同侪的师德行为表现认同度较高，学生对教师师德行为表现高度认同，家长对师德师风现状感知接近非常满意，对教师师德行为表现高度认同。师德师风建设效果和师德行为表现，在学校所在地和办学水平上存在显著差异，办学水平直接影响师德师风建设效果。教师职称与师德师风建设效果感知呈现较为复杂的关系。教师教龄与师德师风建设效果感知总体上呈现出负相关关系。师德教育对师德师风建设影响最大，师德考核对师德师风建设影响最小。

从学校实践来看，通过呈现北京市3个行政区的8所中小学开展师德师风建设的典型案例，既分析上述各区层面加强师德师风建设的制度设计、具体举措和教师师德行为表现，又挖掘上述学校开展师德师风建设中的师德教育、师德考核、师德宣传等具体实施细则，并呈现取得的效果。

从策略研究看，基于理论研究、政策研究、调查研究和案例研究，发现北京市中小学师德师风建设基本形成了以师德教育、师德宣传、师德激励、师德考核、师德监督和师德惩处六大要素为核心的师德师风建设的长效机制。78.2%的教师认为师德师风建设的长效机制已经建立，80.6%的教师认为师德师风显著改善。95.0%的家长认为学校普遍高度重视师德师风建设，92.0%的家长对师德师风总体表现感到满意。但也存在师德宣传和师德考核与整体制度建设没有形成合力、内在的教师品格对外化的师德行为表现影响仍显不足、"薄弱学校"师德师风建设整体水平相对偏低等问题。应以教师专业伦理教育为基础，进一步加强分层分类师德教育;以学校为基地,面向教师、学生、家长,开展好教师在身边的宣传,进一步完善师德宣传方式;以重申道德命令和法治思维为重点,进一步加强师德治理;以专项督导为导向,进一步强化城乡接合部学校师德师风建设。

目 录

第一章 理论研究——新时代师德研究趋势与热点 …………… 001
    第一节 师德概念的探索与解析 ………………… 004
    第二节 师德内部机理的再深化 ………………… 009
    第三节 师德建设研究走向具体化 ……………… 013

第二章 政策研究——北京市中小学师德师风建设制度规章 …… 019
    第一节 北京市加强师德师风建设的背景 ……………… 021
    第二节 北京市加强师德师风建设的核心内容 ………… 025
    第三节 北京市加强师德师风建设的主要成效 ………… 031

第三章 调查研究——北京市中小学师德师风制度建设现状调查 …………… 035
    第一节 调查说明和指标体系 …………………… 037
    第二节 师德师风建设的描述性分析 …………… 043
    第三节 师德师风建设的差异性分析 …………… 052
    第四节 师德师风建设的回归分析 ……………… 072
    第五节 结论 …………………………………… 078

第四章　案例研究——区、校师德师风建设典型案例 …………… 083
　　第一节　北京市 MT 区师德师风建设 ……………………… 085
　　第二节　北京市 MY 区师德师风建设 ……………………… 109
　　第三节　北京市 SY 区师德师风建设 ……………………… 131

第五章　策略研究——中小学师德师风建设存在的问题与对策建议 …………………………………………………… 157
　　第一节　中小学师德师风建设存在的主要问题 ………… 159
　　第二节　中小学师德师风建设的对策建议 ……………… 166

后　记 ………………………………………………………… 171

第一章

理论研究——
新时代师德研究趋势与热点

第一章 理论研究——新时代师德研究趋势与热点

教师首先是从事道德教育的职业。师德是对教师所应具备道德的简称。师德是一个永恒的教育话题。只要有教育活动存在，有教师这种人类的职业角色，就有对教师德性的要求。师德也是一个常说常新的话题，不同时代的师德讨论都必然带有鲜明的时代烙印。党的十八大以来，学术界围绕教师职业道德、教师专业道德、教师专业伦理和师德建设等方面开展了深入研究，为不断完善师德理论研究和加强师德师风建设提供了强劲的思想动力。

育人的根本在于立德。育有德之人，需有德之师。党的二十大报告明确强调"加强师德师风建设，培养高素质教师队伍"❶，突出了教师师德的重要性。尤其在人民群众的需要已向追求美好生活的更高需要转型的新时代大背景下，"我国教育事业的发展逻辑也必须实现从'饥饿逻辑'向'小康逻辑'的转换"❷。教育发展的新形态对师德理论创新提出了全新要求，从理论上回答教师专业伦理公平正义、人文关怀文化、自我修养自觉应成为师德研究的主要任务，更有利于解决师德问题，更有利于以加强师德建设提升教育高质量发展。

---

❶ 习近平.高举中国特色社会主义伟大旗帜 为全面建设社会主义现代化国家而团结奋斗——在中国共产党第二十次全国代表大会上的报告［EB/OL］.（2022-10-25）［2023-05-30］.http://www.gov.cn/xinwen/2022-10/25/content_5721685.htm.

❷ 檀传宝，姚尧.论新时代师德建设的逻辑转型［J］.中国电化教育，2022（10）：27-31.

第一节
师德概念的探索与解析

近年来,加强师德师风的制度建设日趋规范和严密,整体师德师风不断向好的趋势业已显现,但与政策制定的初衷和期待尚存差距,不仅表现为失当、失职和渎职等显性的师德失范行为,亦有"平庸之恶""不出错"等隐性师德问题。[1] 这表明,与之相关的理论研究还处于缺位状态。对教师道德概念的进一步梳理、界定,依然是一项重要而紧迫的基础理论工作。因此,十年来学者们结合时代特征,不断从师德的概念与内涵上予以阐释。

一、聚向专业道德和专业伦理

学术界对师德概念的探讨主要围绕教师职业道德、教师专业道德和教师专业伦理。有研究指出,2008年之后,"教师职业道德"这一概念逐渐被"教师专业伦理"这一新概念取代。[2] 但在近十年的研究中,上述三个方面研究均持续不断深入。不过,对职业道德的探讨,则是在教师专业化的大背景下,更多指向教师专业道德。因此,尽管在具体表述中经常出现职业与专业、道德与伦理混用,但其本质指向是专业道德和专业伦理。所谓教师专业道德,主要是指"教师在专业工作(发展)中,以及基于专业

---

[1] 杨炎轩,蔡颢.教师专业伦理及其建构[J].教育研究与实验,2021(2):36-41.
[2] 钱晓敏.教师职业道德研究的70年(1949—2019):历程、成就与展望[J].中国人民大学教育学刊,2020(2):109-121.

身份从事与专业工作相关或对专业工作产生影响的活动中，应当具备的道德观念、道德情操、道德品质，以及必须遵守的道德规范和行为准则。其基本特征是：具体性、实践性、养成性、激励性、发展性"❶。

专业伦理和专业道德之间的区别，依据黑格尔的思想体系，表现为"伦理"范畴侧重于社会，强调客观方面；"道德"范畴侧重于个体，强调主观内在操守方面。同时，伦理必须表现为"精神"，而道德则可以是一种理性或理智。❷因此，对教师专业伦理概念的界定是，"教师在从事教育教学专业工作中所形成的基本伦理关系与应该遵守的基本伦理精神、规范及在此基础上形成的素养"❸。

可见，教师专业道德和教师专业伦理本身学理概念的界定已经越来越深入明晰，但研究的深入并没有带来问题的解决。师德是教师的道德实践，实践中道德问题丛生，面对更加复杂的途径，学者们更多地将道德纳入哲学范畴，并不断提出教师专业不仅需要专业伦理也需要一般伦理❹，教师专业伦理更需要他律和自律的统一❺。在深入开展教师专业伦理研究的过程中，出现了崇高师德（美德伦理）❻、底线师德（底线伦理）❼，乃至常态师德❽的争鸣与表述。这也表明，伦理视角在解决教

---

❶ 陆道坤，张芬芬.论教师专业道德——从概念界定到特征分析[J].教师教育研究，2016（3）：7-12.

❷ 樊浩."伦理"——"道德"的历史哲学形态[J].学习与探索，2011（1）：7-13.

❸ 钱晓敏.教师职业道德研究的70年（1949—2019）：历程、成就与展望[J].中国人民大学教育学刊，2020（2）：109-121.

❹ 檀传宝.当前师德建设的三大命题[J].中小学德育，2019（9）：1.

❺ 曲波.反思高校师德建设的几个前提性问题[J].东北师范大学学报（哲学社会科学版），2016（6）：179-183.

❻ 吕狂飚.警惕从崇高师德简单转向底线师德[J].中国教育学刊，2018（11）：84-88.

❼ 赵敏.师德建设的伦理学困境与出路[J].教育研究与实验，2013（2）：39-43.

❽ 班建武.师德建设要高度关注常态师德[J].中小学校长，2021（9）：14-17.

师道德问题中的作用是显著的。而且从学者们针对教师专业伦理研究的数量和深度来看，教师专业伦理体系的研究不仅是热点，更是前沿。

二、对师德边界模糊的认识更加理性化

对师德学理性概念的界定对师德建设有重要意义，但教师职业的特殊性，以及教师道德的实践性，都使得无论是教师的专业道德，还是专业伦理，在实践中经常在公德、私德和专业道德中呈现出模糊性和不确定性。私德是教师"以个体独立人格为基础的私人或私人间活动界域"，具有私密性，原则上不是社会评价和讨论的范围。公德"是教师的社会交往领域"，体现为教师与社会相关联的非职域的道德空间。道德这三大基本领域，决定了公众对教师道德的期待也是多方面的，不仅有职业垂范，亦有个人修德和遵信守法，且鲜有区分。因此，在教师的道德实践中，教师"根据公众的道德期待进行合理的道德角色定位具有非常重要的作用"，"需促使教师能够准确研判公众的道德期盼，并合理地作出回应"❶。师德边界的不确定性表现在崇高师德和底线师德的辩证关系中。一方面，基于中国传统教师观的影响，教师并非职业性的，官师合一，以及以从师来择机进入士大夫行列的取向，使得崇高道德的理念在其中发挥了重要的作用。另一方面，伴随近代社会变迁，教师行业成为职业，对于职业道德的理念则成为规则。尤其在当前社会变迁的大潮中，为解决现实中的师德失范问题，通过底线师德的设立，更容易减轻教师的道德重负。师德边界的模糊有可能诱发对教师道德评价上原则混淆、责任空洞和道德高标问题。因此，在处理教师道德边界模糊的问题

---

❶ 何云峰.教师道德：期待与角色定位［J］.伦理学研究，2015（7）：88-93.

时，需要具体分析。❶ 既不能要求每一位教师必须作出超出自身专业能力、心理承受能力和现实生活压力的超负荷付出，也不能任由教师放弃作为教师所应承担的教育责任和教育理想。❷ 任何简单化的立场，均有可能使教师遭遇道德实践中的尴尬与困难。尤其在当下复杂的师德实践过程中，在当前部分非道德的师德实践中，"无论是制度的力量，亦或是教师个体的道德良知"，试图从根本上改变势必面临困难。所以，"既不能单纯地求助于道德，也不能单纯地求助于伦理，'伦理—道德'一体的精神哲学之路才是师德重建的应然之则"❸。

三、新时代赋予的师德内涵

新时代教师的责任、使命与国家兴亡、民族复兴紧密相连。教师被赋予"为党育人、为国育才"的时代重任，肩负着"梦之队"的"筑梦人"、民族复兴大任的大国良师❹的崇高使命。所谓大国良师❺，一方面表现为在国家之大的范畴中，所需要的人才既有大视野、大格局，又有大情怀和大境界；另一方面表现为良心之师、良知之师和良质之师，即作为善良的人应具备的良好德性和作为师在践行师德中始终保持敏锐的道德敏感性，并一以贯之地追求物质和精神层面的不断向上、向好。在这样的大背景下，新时代教师师德应根据高质量教育体系建设的客观需

---

❶ 邓晨，吴黛舒.教师道德边界模糊化现象研究［J］.教育发展研究，2018（10）：75-79.

❷ 李国强.社会阶层化背景下教师专业伦理的重构［J］.教师教育研究，2014（1）：12-16.

❸ 吕寿伟，柴楠.道德，还是伦理？——教师道德时代困境的精神哲学探究［J］.南京社会科学，2021（4）：156-163.

❹ 中共教育部党组.努力培养造就堪当民族复兴大任的大国良师［J］.中国高等教育，2018（5）：3-6.

❺ 黄俊，乔虹."大国良师"集体人格及其培育［J］.当代教育科学，2023（1）：65-72.

要，更新师德观念。❶"理应正视师德具有与教师社会角色多样性相承接的层次性、多样性，表现为国家大德、专业道德和个人私德。"❷国家大德是师德之基，是教师对作为国家富强、民族振兴、人民幸福之基石的自觉体认。对"大德"的弘扬，呈现的是"中国道路、中国精神和中国力量"❸。专业道德是师德之魂，是教师对本职工作和根本社会身份的切己体察。个人私德是师德之形，体现为教师"吐辞为经、举足为法"的社会教化功能与教育价值。因此，作为教师，即使在私德领域，也应表现为对社会规范有清醒的自觉，做到严于律己、言行一致，真正实现从"师德"之"器"的具象规约向"师德"之"道"的整体把握转变。在具体的日常教育教学当中，体现为教师能否以一种符合伦理道德的方式来组织其教育教学。❹研究者基于教育现代化，认为教师要有教育家精神❺，这种精神体现在三个方面，一是有定力：面对错综复杂的新时代，面对社会价值的多元化，应始终保持清醒，不浮躁、不盲动；二是敢创新：面对当下诸多的教育难题，教育家应有创新精神，成为"教育规律的探索者、教育改革的实践者和教育创新的试水人"；三是有担当：这种担当是对自己负责、对学生负责、对家长负责、对社会负责、对国家负责、对民族负责。担当的大小，体现出教师的勇气、格局和胸怀，担当越大，成就越大。

---

❶ 毕诚.师德的本义与新时代师德建设［J］.中国德育，2022（3）：22-27.

❷ 康秀云，刘铭.高校师德典型选树的前提性思考［J］.思想理论教育，2019（6）：91-95.

❸ 顾海良，等.学习贯彻习近平总书记重要讲话精神 大力培育和践行社会主义核心价值观［J］.思想理论教育导刊，2014（7）：4-23.

❹ 班建武.师德建设要高度关注常态师德［J］.中小学校长，2021（9）：14-17.

❺ 陶西平.教育家和教育家精神［J］.未来教育家，2015（Z1）：8-15.

第二节
师德内部机理的再深化

基于师德概念研究的深入解析，研究者更多地将研究视角直面当前出现的师德问题，进而深入内部机制，探讨对教师专业道德或伦理发展更具现实意义的教师道德决策、教师道德敏感及教师专业道德形成机制等微观研究领域，以期更好地解决当前新出现的教师道德问题。

一、教师专业道德决策

教师在道德实践中，不可避免地面临某些道德困境，因而需要采用合宜的价值依据来选择最符合正当原则的道德行动方案，以保证合理的道德决策。其重要性就在于，"道德决策是道德困境和道德行动的中介环节，又是理解道德困境和产生道德行动的关键所在"。在这一过程中，通常要经历"选择价值依据、选择道德动机、判断各种方案是否符合道德动机、在符合道德动机的行动方案中选择最符合正当原则的方案、选择是否按照最符合正当原则的方案行动"[1]五个基本步骤。教师专业道德决策的合理与否与其专业生活中所秉持的道德信仰密切有关，并真正地去认同和履行，在道德实践中呈现出自觉性、稳定性。这也体现出教师职业的专业性和特殊性，需要客观思考、合理反思和公正

---

[1] 苏启敏.教师专业道德决策：概念、依据及实践推理[J].教育研究，2015(1)：90–97.

判断。❶ 这要求教师应接受专业教育和培训，才能掌握丰富的专业知识和娴熟的专业技能，成为专业上的权威。

二、教师的道德敏感性

在教育场域内部，当面对具体的、可能形成道德事实的问题时，"教师敏锐的觉察并采取行为恰当地处理和应对，能够引起学生的积极变化也促进着教师自我发展"❷。这种觉察就是教师的道德敏感性。具有较强道德敏感性的教师，可以将可能形成的道德问题扼杀在摇篮中。"富有道德敏感的教师能够在体谅、宽容、仁爱的道德情感中，智慧地决策，令学生的心得到温暖、受到鼓舞，进而'点燃其成为好人的愿望'。在这个意义上，教师的道德敏感是一种可贵而稀缺的拯救力量。"❸ 但当前无论是教师自身，还是组织机构，对教师道德敏感性的重视并不高，导致"教师对德育过程的道德敏感性缺失、对不同情境的道德敏感性错位、对不同道德内容的敏感性失衡"。应通过"制度引导，创造更易于教师道德上察觉的情境"，采取自下而上和自上而下两种途径，一方面将教师权力规定在一定的范围，奖励道德敏感性高的教师、惩罚道德敏感性低的教师，引导教师"不得不"对学生德性发展敏感；另一方面让渡教师权力，赋予学生、家长、社会对教师的监督权力，"刺激"教师在正义、自由、公平等方面的道德敏感性。也需通过"专业培训，内在提升教师的道德敏感性"，注重对教师道德心理的培育，以提升教师对自

---

❶ 陈春梅.大学教师的"道"与"德"——读《教师的道与德有感》[J].重庆高教研究，2016（4）：90-95.

❷ 何蓉，朱小蔓.论教师道德敏感性与学校德育改善[J].教育科学，2014（2）：48-52.

❸ 蔡辰梅.论教师的道德敏感及其实现[J].中国德育，2017（24）：11-15.

身道德心理的敏感，进而提升教师的道德敏感性。❶

三、不同学段教师专业伦理

分学段的教师专业道德或伦理研究受到更多关注。学术研究发展的重要标志是从大而化之的"笼统"走向明确细微的"具体"，从而发展特定研究对象的特殊本质或者事物发展的独特规律。这也表明教师专业道德或伦理研究已经进入更深阶段。学段虽然是学生的学习阶段，但直接决定在不同学段从教的教师工作及其伦理建构。尽管所有教师都应该同样奉行公正、仁慈的原则，但是由于学段的实际差距较大，"公正、仁慈等教育伦理之具体规范、实践在目标、内容、方式上都会有巨大的差异"。这种影响教师伦理建构的时间之维，是因为"教师的社会角色、人际关系具有明显的学段特性。教师从学前阶段的'保育者'、小学阶段的'师尊'、中学阶段的'业师'，到大学阶段的'导师'角色的演变，既意味着不同学段教师专业伦理的逻辑转换——不同学段教师在道德权利与责任的逻辑有严格区别，也意味着不同学段的社会关系处理的内容、范式会产生巨大的差异，教师专业伦理的内容结构及其权重都会发生重大的改变"❷。

幼儿园教师的教育对象是3~6岁幼儿，该阶段"幼儿稚嫩、柔弱、依赖性强、易受伤害、不能自立，这就要求幼儿园教师应像母亲一样尊重、关爱、呵护他们"❸。这意味着，教师与幼儿之间的伦理关系需要幼儿园教师的首要责任是"保护儿童的安全与健康，满足学前儿童的生存所需"，"在履行教育职责之前要先承担保育职责，照顾好学前儿童

---

❶ 张添翼.教师道德敏感性：概念、框架、问题与改善[J].教育发展研究，2015（18）：15-19.

❷ 檀传宝.学段特性与教师伦理的时间之维[J].教育研究，2020（12）：14-17.

❸ 张地容，杨晓萍.论幼儿园教师专业伦理的实践困境与路径选择[J].中国教育学刊，2014（5）：99-102.

的一日生活。把培养学前儿童的生活自理能力作为教育目标之一"。同时，幼儿园教师应"更多地关注和回应儿童的情感需求"❶。小学教师专业伦理同样与小学生的身心脆弱性、稚嫩性和义务教育的强制性的特点密不可分。研究者提出："小学教师的爱与小学教师的公正是两个关键道德，它们构成小学教师专业伦理基础的、具有支架作用的另一种内容形式。"❷其中的爱表现为敏感性、尊重、关怀和赏识，公正包含理性、仁慈、平等、民主、学生权益意识、个体差异意识。中学生是处于青春期的学生，其身心发展特点及由此带来的青少年文化的独特性❸，决定了中学教师的专业伦理建设更需充分理解文化张力，处理好以教师为代表的成人社会文化和青少年文化之间的差异。关键在于教师"能否对代际文化张力有所觉察，明晰差异的根源"，尊重青少年的"文化在场"，学会"合理在场""体面退场"。应通过价值观澄清、平行教育影响、文化理解与对话建构中学教师专业伦理。❹大学教师是一种学术职业，其"以高深知识为基础、崇尚学术自由、以学术共同体为其伦理关系"的职业特性，使得大学教师伦理独具特点。研究者提出自由探究与理智诚实等学术精神是大学教师伦理的核心追求、多重角色的交织与碰撞构成大学教师伦理的复杂样态、自由与责任之间的平衡是大学教师伦理和谐的关键。❺

---

❶ 冯婉桢.儿童权利的完整实现与学前教师专业伦理的特殊性[J].教育研究，2020（12）：17-20.

❷ 李敏.优良道德与关键道德：小学教师专业伦理的内容思考[J].教育科学，2020（4）：44-50.

❸ 杨启华.文化张力下的中学教师专业伦理建构[J].教学与管理，2021（33）：9-11.

❹ 杨启华.中学场域的文化张力与中学教师专业伦理特点[J].教育研究，2020（12）：24-27.

❺ 李菲.学术职业与大学教师专业伦理的特点[J].教育研究，2020（12）：27-30.

第三节
师德建设研究走向具体化

伴随制度体系中不断明确的教师职业行为准则、师德失范处理办法、健全师德师风建设长效机制的确立，研究者开展大量且深入的学理探讨，普遍认为师德建设总体上应"从教师专业生活出发，将师德等同于教师专业道德或教师专业伦理，进而将师德建设理解为完善教师专业道德规范或教师专业伦理规范，并通过培训来内化、通过评价来管理、通过行业自主来自治"[1]。与此同时，更为关注教师道德实践中出现的师德问题，并以制度话语体系为基础，提出不断完善"教育伦理与教师道德的中介架构——教师行为规范……由抽象的教育伦理法则转换而成具体细则"[2]，以适应时代发展需要，进而着重开展了师德培育、师德评价及师德治理的深入研究。

一、师德培育与师德养成并重

研究者在探索通过师德教育来不断提升教师道德水平的过程中，更有针对性地将教师职业生涯特征和师德培育与师德养成紧密结合，认为

---

[1] 胡晓航，杨炎轩.关系建构：教师专业伦理建设的路径、机制与策略[J].教育科学研究，2022（4）：85-90.
[2] 何云峰.建立和完善教育伦理与教师道德的中介架构[J].探索与争鸣，2014（4）：22-24.

应该针对不同职业生涯阶段的特点有所侧重。❶应在职前、入职和职后不同阶段开展任务型培育、规范型培育和自觉型培育。职前阶段"关注师德的引导和示范等内容,学生进行任务型的道德学习,经过模仿和知性德育的学习等逐步明晰良好师德的基本标准";入职阶段"重点关注师德养成的具体时间,通过具体的道德指引即道德规范,促使教师不断塑造自我的'人师'形象";而当教师逐步成长,教师道德"注重教师自觉型的培育方式,让教师更好地发挥自身的主动性,自愿自主地践行道德行为"❷。教师自主性的发挥更有利于教师作为道德主体在具体问题中的伦理决策,意味着师德教育需要拓展与深化"规范"取向和"德性"取向,加强解决伦理冲突的程序与策略的学习,增进教师对既有规范或准则的伦理辩护,引导教师围绕案例展开伦理对话,强化对师德榜样专业生活的伦理叙事,促进教师对自身实践的伦理反思。❸以此观照教育情境中的伦理冲突,寻求解决问题的对话策略。❹在这一过程中,更需根植于中华优秀传统文化,以培育促养成,通过对我国传统"德"的文化发掘,促进师德之"德"应该由教师的道德转向教师的"德性","高扬本真自我的德性价值,让教师在日常实践和伦常关系中以身体道,通过知行合一、格物致知、自我统整、诗意栖居而涵养自身的知识之道、人生之道和价值之道"❺。

---

❶ 檀传宝.师德建设:"对我们自己的"道德教育[J].中国德育,2017(1):1.
❷ 孟繁华,袁梅.新时代培育—治理—评价(CGE)师德建设三维模型[J].教育学报,2021(5):134-144.
❸ 程亮,翟金铭.面向伦理决策的师德教育:为何与何为[J].教育发展研究,2021(24):16-23.
❹ 王凯.基于对话伦理学取向的程序性师德观[J].教育发展研究,2013(10):45-49.
❺ 于泽元,王开升.立德树人:师德的养成之道[J].教育研究,2021(3):149-159.

二、师德评价基于伦理正义并注重发展性

师德评价在师德建设过程中是一个不可缺少的手段和载体。近年来，虽然师德规范不断明确，师德建设的长效机制也在进一步完善，但师德评价机制的科学性和操作性还存在明显不足。这种体制机制的缺陷"往往导致'失范'者得不到及时有力的处罚，实际上纵容了师德'失范'行为。师德'他律'机制建设的不足，客观上也导致了'师德自律'的放松，甚至可能引发大量师德'失范'现象的出现"❶。尤其面对现代社会教育道德观念的转变，以及教师德行状况的时代性特点，对师德评价无论在价值取向上、内容建构上、评价标准和方法上均提出了新要求。科学、有效的师德评价应基于教师伦理的制度正义，"应发挥其应有的发展性功能，向世人展现出教师伦理的制度正义"，"应该引导教师在教育教学场域做出正当与善的行为……应帮助教师提升角色美德，实现职业理想……应指向德福一致的正义秩序"❷。科学有效地实施师德评价，应全面辩证地把握评价主体、方法与依据这几个关键要素。❸在价值取向上，"既要致力于实现社会对教育善的价值期待，也要促进个体的道德发展"；在内容建构上，"既要继承优秀师德传统，又要弘扬师德的时代精神"；在标准设定上，"既要坚持师德的主导性，又要体现价值目标的层次性"；在师德评价的方法运用上，"应注意把

---

❶ 陆道坤.师德"失范"现象折射出的教师专业发展困境与思考[J].教育科学，2013（4）：69-75.

❷ 陈黎明.彰显教师伦理的制度正义——师德评价的困境与突破[J].当代教育科学，2020（11）：59-65.

❸ 糜海波.辩证把握师德评价中的几个关键要素[J].思想理论教育，2018（3）：85-89.

握全面性和综合性原则"❶。尤其在针对师德量化的评价中，针对一个个数字指标，不能把"教师看作是一个接受道德规范的'美德袋'，却忽视了行为主体的道德主体性和创造性"，应注重虚实结合，把教师"教育行为的定性评价和定量分析结合起来"❷。

三、师德治理重在重申道德命令和加强法治思维

基于惩罚、查处来处理师德失范进而不断理顺师德问题，并建构良好的师生关系一直是学者不断深入探讨的问题。面对呈现出来的多样的、复杂的师德失范行为，惩罚是最有效的治理途径之一。至于惩罚的目的，涂尔干认为："惩罚是以公共的社会伦理规范为基础的，它旨在重申道德命令。"❸同样，"对于教师失德行为的惩罚，不是出于对教师错误行为的报复，也不是杀鸡骇猴进行威慑，而是为了重申道德命令的权威"❹。在这一过程中，应对师德失范行为的错误性质进行行为定性，并区别对待、分层治理❺，以更好地维护良知作为的价值追求，遵循程序正义、保障学生最大利益、轻重程度适宜等处罚原则处理。"通过推进多元主体参与的社会共治、成立教师自律的同行认定组织等途径，慎

---

❶ 糜海波.师德评价科学路径的应有视域[J].伦理学研究，2015（4）：99-103.

❷ 糜海波.师德评价面临的矛盾、问题与出路[J].高教发展与评估，2017（4）：109-116，124.

❸ 爱弥尔·涂尔干.道德教育[M].陈光金，沈杰，朱谐汉，译.上海：上海人民出版社，2006：123.

❹ 程红艳，陈银河.超越纵容默许与重拳出击：师德失范行为治理的对策研究[J].中国教育学刊，2019（2）：64-69.

❺ 张旦生，张振改.政策工具视角下师德分层治理的路径探索[J].教育科学研究，2015（8）：26-29.

重处理师德热点及难点问题，进而实现标本兼治。"❶ 同时，通过对教师师德失范行为进行分类管理、分类处罚，建立明确的责任清单和清晰的追责机制等方式实现教师惩戒机制的法治回归❷，加强行政诉讼救济❸。其根本是让"一个真正的制度应当包含着自己的道德性"❹，将非制度化的教育价值理念、教育伦理精神渗透到制度化的教育政策中去。由此，使师德治理转变成看得见、摸得着、可感悟的教育制度、管理规范和措施，使一个社会所倡导的教育伦理价值理念通过"硬约束"的方式，让其具有道德上的合法性、合理性。❺ 需要进一步明确的是，超越师德底线的行为，如针对教师性侵学生的行为，"这是严重的犯罪行为，应该纳入司法程序处理，追究教师的刑责"。教师体罚学生，"这违反了《中华人民共和国未成年人保护法》，也是违法行为，应按法律问题进行处理"。避免将属于法律范畴的问题，作为师德问题加以强调，否则，"这是对师德的矮化，也把对教师的要求降低到法律底线之下"❻。

加强师德师风建设是新时代培养高素质教师队伍、办好人民满意教育的关键环节。新时代社会发展的复杂性，对师德师风建设提出了更高的要求和挑战。2023年5月29日，习近平总书记在中共中央政治局第五次集体学习时，再次强调"加强师德师风建设，引导广大教师坚定理

---

❶ 程红艳，陈银河.超越纵容默许与重拳出击：师德失范行为治理的对策研究［J］.中国教育学刊，2019（2）：64-69.

❷ 唐瑭.高校教师惩戒机制的法治迷失及其价值回归——以高校教师师德失范行为的"网络舆论审判"事件为例［J］.教育发展研究，2019（7）：77-84.

❸ 申素平，王子渊.略论公立高校师德评价的法治化选择——兼评若干师德评价案例及有关争议［J］.高等教育研究，2021（5）：35-43.

❹ 李龙.西方法学名著提要［M］.南昌：江西人民出版社，1999：534.

❺ 王正平.澄清理念和改善政策是师德治理的根本维度［J］.探索与争鸣，2014（4）：16-17.

❻ 熊丙奇.师德红线能守住师德底线吗？［J］.中关村，2013（7）：51.

想信念、陶冶道德情操、涵养扎实学识、勤修仁爱之心，树立'躬耕教坛、强国有我'的志向和抱负，坚守三尺讲台，潜心教书育人"❶。这是对"四有"好老师重要论述的进一步升华，意味着教师不仅应具有这样的品德，而且需要伴随教师职业生涯始终，在教育实践过程中不断深化和加强，并以强国为志、育人为魂，扎根教育事业。这也要求在师德师风建设中，在强调外化的教育、宣传、考核、激励、监督、惩处的过程中，应唤醒教师自觉，进而内化为教师优良品格。深入开展师德的理论研究，才能正确回答时代和实践提出的师德问题，才能让更多的教师成为好老师、引路人和大先生。

---

❶ 习近平在中共中央政治局第五次集体学习时强调 加快建设教育强国 为中华民族伟大复兴提供有力支撑［N］.人民日报，2023-05-30.

第二章

政策研究——
北京市中小学师德师风建设制度规章

第一节
北京市加强师德师风建设的背景

一、加强师德师风建设是贯彻落实习近平总书记有关教师论述精神的根本遵循

加强师德师风建设是全面贯彻落实习近平总书记提出的师德师风是评价教师队伍素质的第一标准的基本要求。党的十八大以来,以习近平同志为核心的党中央高度重视教师师德师风建设。2014年9月,习近平总书记在同北京师范大学师生代表座谈时指出:"教师的职业特性决定了教师必须是道德高尚的人群。合格的老师首先应该是道德上的合格者,好老师首先应该是以德施教、以德立身的楷模。"❶ 这表明作为道德实践者的教师,具备合格的道德是其职业的根本。2018年5月,习近平总书记在北京大学师生座谈会上强调:"评价教师队伍素质的第一标准应该是师德师风。师德师风建设应该是每一所学校常抓不懈的工作,既要有严格制度规定,也要有日常教育督导。"❷ 这既明确了师德师风是教师队伍素质的第一标准,又强调了师德师风建设需要落实到每一所学校,需要有严格的制度规定,通过日常教育督导不断落实和强化。全面贯彻

---

❶ 习近平.做党和人民满意的好老师——同北京师范大学师生代表座谈时的讲话[N].人民日报,2014-09-10.

❷ 习近平.在北京大学师生座谈会上的讲话[EB/OL].(2018-05-03)[2023-05-30]. http://www.gov.cn/xinwen/2018-05/03/content_5287561.htm.

落实习近平总书记的要求是加强新时代师德师风建设的根本要务。

师德师风建设关乎党对学校的领导，关乎全面贯彻党的教育方针，关乎中国特色社会主义事业薪火相传。❶ 2018年9月，习近平总书记在全国教育大会上指出："教师是人类灵魂的工程师，是人类文明的传承者，承载着传播知识、传播思想、传播真理，塑造灵魂、塑造生命、塑造新人的时代重任。"❷ 这"三传播""三塑造"表明教师的历史使命在于深入贯彻落实党的教育方针，为中国特色社会主义事业培养时代新人。2022年4月，习近平总书记在中国人民大学考察时强调："培养社会主义建设者和接班人，迫切需要我们的教师既精通专业知识、做好'经师'，又涵养德行、成为'人师'。"❸ 其中的"人师"更强调了教师德性的重要性。构建高质量教育体系、建设教育强国，需不断加强师德师风建设，着力打造一支政治素质过硬、业务能力精湛和育人水平高超的优秀教师队伍。

"培养什么人、怎样培养人"的要求对师德师风建设提出更高要求。2018年9月，在全国教育大会上，习近平总书记旗帜鲜明地提出"培养什么人，是教育的首要问题"的新论断，系统回答了"培养什么人、怎样培养人"这一教育根本问题，特别强调培养人要在坚定理想信念上下功夫、要在厚植爱国主义情怀上下功夫、要在加强品德修养上下功夫等"六个下功夫"。其中的理想信念、爱国情怀、品德修养，无一不与教师的师德师风紧密相连。其核心还是要看教师的思想政治素质，看心中是否有国家和民族，是否意识到肩负的国家使命和社会责任，这也是

---

❶ 苏寄宛.新时代加强师德师风建设的着力点［N］.光明日报，2022-06-28.

❷ 习近平在全国教育大会上强调 坚持中国特色社会主义教育发展道路 培养德智体美劳全面发展的社会主义建设者和接班人［N］.人民日报，2018-09-10.

❸ 习近平在中国人民大学考察时强调：坚持党的领导传承红色基因扎根中国大地 走出一条建设中国特色世界一流大学新路［EB/OL］.（2022-04-25）［2023-05-30］.http：//www.gov.cn/xinwen/2022-04/25/content_5687105.htm.

作为新时代人民教师应有的大德。2020年教师节，习近平总书记在慰问讲话中又进一步指出，"广大教师不忘立德树人初心，牢记为党育人、为国育才使命"❶。不断加强教师思想政治素质教育应成为师德师风建设的首要任务。

北京作为中国的首都，贯彻落实习近平总书记关于教师的重要论述，充分发挥首善之区的示范引领作用责无旁贷。

二、加强师德师风建设是落实落细制度规章的根本需要

党的十八大以来，党中央、国务院高度重视教师师德师风建设。2013年9月，教育部印发《关于建立健全中小学师德建设长效机制的意见》，明确提出"师德是教师的灵魂"，通过"教育、宣传、考核、监督与奖惩相结合"的方式，建立健全中小学师德建设长效机制。此后，我国开启系统建设师德师风长效机制的历史进程。2014年1月，教育部下发《中小学教师违反职业道德行为处理办法》，明确规定了依据违反职业道德情节严重程度给予不同层次、不同时间的处罚规定。2014年7月，教育部出台《严禁教师违规收受学生及家长礼品礼金等行为的规定》，明确提出从礼品礼金、宴请、娱乐活动、报销、回扣、不正当利益六个方面严禁教师违规，并对违规情节视严重程度采取不同程度的处罚。2015年6月，教育部发布《严禁中小学校和在职中小学教师有偿补课的规定》，明确要求严禁学校组织、与校外培训机构联合开展、为校外培训机构有偿补课提供教育教学设施或学生信息，教师组织、推荐和诱导学生参加校内外有偿补课，在职中小学教师参加校外培训机构或由其他教师、家长、家长委员会等组织的有偿补课，在职中小

---

❶ 在教师节到来之际 习近平向全国广大教师和教育工作者致以节日祝贺和诚挚慰问［N］.人民日报，2020-09-10.

学教师为校外培训机构和他人介绍生源、提供相关信息，对于违反上述规定的，依据情节轻重，给予相应的行政处分。2018年11月，教育部印发《新时代中小学教师职业行为十项准则》，明确提出将坚定政治方向、自觉爱国守法、传播优秀文化、潜心教书育人、关心爱护学生、加强安全防范、坚持言行雅正、秉持公平诚信、坚守廉洁自律、规范从教行为十项准则作为新时代教师职业行为的基本规范，并通过开展学习、加强管理、坚决查处师德违规行为的方式将十项准则落到实处。同时，教育部印发《中小学教师违反职业道德行为处理办法（2018年修订）》，丰富了违反职业道德行为的处理方式方法，进一步提出"教师涉嫌违法犯罪的，及时移送司法机关依法处理"，并对学校及主管教育部门不履行或不正确履行师德师风建设管理职责的给予相应处罚。上述针对师德师风建设的制度规章，需要地方贯彻落实，需要地方因地制宜制定实施方案、实施细则，才能有效保障制度规章真正贯彻到每一所学校、每一位老师。

三、师德师风还存在一定的问题

面对新方位、新征程、新使命，北京市中小学教师队伍建设还面临新的挑战和问题。一是新形势下党的政治建设和思想政治工作还需要持续加强。具体表现在部分教师党员没有充分发挥先锋模范示范作用，部分教师对党的重要性认识不足，自身思想政治素质不过硬。在狠抓教师思想政治素质养成中，还存在薄弱环节，需要在管理中持续加强。二是师德师风建设和日常管理水平还需要全面提升。具体表现为师德师风是教师在实践教育教学中展现出来的职业道德，无论其经过怎样的培养、培训，教师是否具有良好的师德师风都需要在实践中检验，呈现出不仅需要学习，更需要弄懂，才能更好地实践。这就需要教师的师德师风建设应与日常管理紧密相连，而当前的日常管理水平还不能将师德师风贯穿始终，尚需全面提升。

第二节
北京市加强师德师风建设的核心内容

党的十八大以来，习近平总书记对教师提出的"四有"好老师、"四个引路人"和"四个相统一"要求，为加强教师队伍建设尤其是加强师德师风建设提供了根本遵循。北京市高度重视教师队伍建设，以习近平总书记指示精神为指导，按照中央和教育部部署，坚持把提高教师思想政治素质和职业道德水平摆在首要位置，把社会主义核心价值观贯穿教书育人全过程，突出全员全方位全过程师德养成，推动教师成为先进思想文化的传播者、党执政的坚定支持者、学生健康成长的指导者，扎实推进各项政策落地生根。

一、加强师德师风建设顶层设计

北京市高度重视师德师风建设，坚持把师德师风作为评价教师队伍素质的第一标准，把政治素质过硬作为师德师风建设的核心。北京市委每年专门召开师德师风建设专题会，将加强师德师风全面落到实处。

一是坚持党建引领。加强党对教师队伍建设的领导，把党的政治建设摆在首位，全面加强教师党支部和党员队伍建设。针对中小学校制定《关于加强北京市中小学校党的建设工作的意见》，强调把思想政治工作作为中小学校党组织重要任务，切实做好教职工思想政治工作。将师德师风建设工作纳入全面从严治党、依法治教和教师队伍建设的全局工作之中，同部署、同安排、同落实。

二是加强体系建设。北京市委、市政府印发《关于全面深化新时代教师队伍建设改革的实施意见》，作为贯彻全国教育大会精神的重要基础性文件，提出了全面加强师德师风建设新要求。加强理想信念教育，创新教师思想政治工作方式方法，着力提升教师思想政治素质。坚持和完善理论学习制度，开辟思想政治教育新阵地，利用思想政治教育新载体，强化教师社会实践参与，注重把思想政治工作落实到学校管理、教学和科研活动中。坚持把师德建设放在教师队伍建设首位，构建大、中、小、幼一体化的师德建设体系，推动师德建设常态化长效化。突出全员全方位全过程师德养成，弘扬高尚师德。教师的准入、聘任、职称评审、考核评价和奖惩等各项人事制度改革和评价教师队伍素质突出师德第一标准。

三是强化组织领导。建立以北京市委、市政府分管领导为组长的师德师风建设工作领导小组，建立健全师德师风建设统筹协调领导体制和工作机制。健全领导责任制度，明确北京市教育两委（即北京市委教工委、市教委）责任部门和工作职责，将师德师风建设工作纳入全面从严治党、依法治教和教师队伍建设的全局工作之中。明确各区教育部门和各级各类学校主要负责人是师德师风建设工作第一责任人，健全领导责任制度，健全组织机构，压实主体责任，优化管理职能。形成市级、区级和校级的三级工作体系，全方位、立体化推进师德教育的工作格局。创新工作方式方法，采取动员学生家长和社会监督等多种措施，形成教育部门和学校"一把手"主抓，人事、宣传、党群及业务部门协同共建，教师个体严格自律，家长社会全员参与的师德师风建设良好局面。

二、完善师德师风闭环管理体系

在顶层设计的部署下，不断完善师德师风制度体系建设。

一是健全师德建设长效机制。2016年1月，印发《关于建立健全北京市中小学师德建设长效机制的实施意见》，强调市区教育部门和各级各类学校狠下功夫、多措并举,将师德师风建设融入教育教学管理的全过程、各环节,通过教育、宣传、考核、激励、监督和惩处等一体化、全流程工作机制,实行师德师风考核一票否决制度,健全完善师德表现的激励、约束和惩戒制度,引导教师自尊、自强、自省、自律。用制度规范师德行为,引导教师立德树人、为人师表,不断提升人格修养和学识修养,强化法律意识,做遵纪守法的模范。旗帜鲜明查处师德失范问题,维护风清气正的教育生态。

二是健全师德考核长效机制。为深入贯彻落实教育部印发的《新时代中小学教师职业行为十项准则》《中小学教师违反职业道德行为处理办法(2018年修订)》等系列文件,2019年5月,北京市委教工委、市教委、市人力社保局联合出台《关于印发〈新时代北京市中小学教师职业行为十项准则〉〈北京市中小学教师师德考核办法〉〈北京市中小学教师违反职业道德行为处理办法〉的通知》等文件。明确了坚定政治方向、自觉爱国守法、传播优秀文化、潜心教书育人、关心爱护学生、加强安全防范、坚持言行雅正、秉持公平诚信、坚守廉洁自律、规范从教行为的十项行为准则。确定了以教师为本、公平公正公开、激励与约束相结合的师德考核原则。细化了违反职业道德处理办法,包括处分和其他处理,其中处分为警告、记过、降低岗位等级或撤职、开除;其他处理包括给予批评教育、诫勉谈话、责令检查、通报批评、调离教学岗位、停止教学活动,以及取消在评奖评优、职务晋升、职称评定、岗位聘用、工资晋级、申报人才计划等方面的资格;对教师涉嫌违法犯罪的,及时移送司法机关依法处理。从行为准则、考核方式、处理办法等方面形成了北京市师德师风建设的闭环管理制度体系,推动了中小学校师德建设常态化长效化。将2019年确定为师德考核年,进一步完善师德规范、健全师德考核、强化结果使用,真正打通政策落实的"最后一公里"。

三是健全师德师风监督反馈机制。2017年3月,北京市教委、市政府教育督导室印发《关于加强中小学校和在职中小学教师有偿补课长效治理工作的意见》，建立了中小学教师校外有偿补课专项检查制度，通过各区自查、市级抽查、根据举报线索重点检查、开展减负监测等方式开展专项检查，并形成常态举报监督、学校内控、市、区、校专项检查督查、责任追究、联合执法、减负监测、情况报告和通报的监督反馈机制。2018年，北京市委教工委、市教委、市政府教育督导室下发《关于开展师德建设长效机制贯彻落实专项督查的通知》，要求每年对市属高校和各区中小学党建与师德师风建设工作进行专项督导，建立起师德建设督导制度，实现了对市属高校师德师风建设情况督导全覆盖。形成《师德师风建设情况督导调研报告》，深入剖析问题，提出整改措施，促进师德师风健康发展。

三、探索推进长效治理

北京市教育系统聚焦发力，围绕师德师风热点难点问题，深入分析深层次原因，积极探索有效方式方法，从关系师德师风建设全局和师生群众切身利益的问题入手，努力从根本上破解师德师风建设难题。

一是强化学习实践引领。以全方位开展实践活动的方式将师德师风建设的政策要求切实落地到每所学校和每位教师。2018年，北京市印发《关于开展2018年"做新时代'四有'好老师和'四个引路人'"学习实践活动方案》，在北京市各区各级各类学校、幼儿园、校外教育机构全体教师中开展系列学习实践活动，通过教育学习引领具体实践。实践活动的具体内容主要包括五个方面：第一，加强教师党支部和党员队伍建设，充分发挥党支部战斗堡垒作用和党员的先锋模范作用。扎实推进"两学一做"学习教育常态化制度化，深入开展"不忘初心、牢记使命"主题教育。第二，深入学习，深刻理解，准确把握新时代"四有"好老师和"四个引路人"的内涵。通过开展理想信念等教育，解决好教师世界观、人生观、价值观"总开关"问题。坚持对中小学教师开展社会主义核心价值观与中华优秀传统文化全员培训。第三，组织开展系列实践活动，通过分类分层组织开展研讨交流、讲好师德故事、评选表彰师德典型、宣传师德典型等多种方式将师德师风建设切实落地，引导教师积极自觉践行新时代"四有"好老师和"四个引路人"。第四，加强师德考核，促进教师自觉加强师德修养。各区制定中小学校师德考核办法，各区各校加强师德的过程性考核，与教师的年（学年度）终考核、绩效考核有机结合，并在绩效工资中予以体现。2019 年，在 2018 年师德建设年组织全体教师开展"做新时代'四有'好老师和'四个引路人'"学习实践活动的基础上，进一步提高政治站位，对标对表，把 2019 年确定为师德考核年❶，按照"双随机、一公开"的方式加强对师德考核整体工作落实的监督检查，进一步完善师德规范、健全师德考核、强化结果使用，真正打通政策落实的"最后一公里"。第五，强化师德监督和惩处，有效防止失德行为。开展师德建设情况的督导工作、开展落实师德建设长效机制情况专项自查工作、规范师德惩处，对于违反师德的行为，发现一起，查处一起，对于发现违反相关规定的教师要严格追究责任，对涉及违法犯罪的要及时移交司法机关。2020 年为师德强化年，为认真落实《教育部关于在教育系统开展师德专题教育的通知》要求，2021 年 6 月，北京市委教工委、市教委印发《关于在北京教育系统开展师德专题教育的工作方案》，成立北京市师德专题教育领导小组，统筹指导各区各校开展师德专题教育工作，以各种形式开展习近平总书记关于师德师风的重要论述学习、四史学习教育，通过深入学习引领实践。

正是基于北京市师德师风建设的制度规章和实践方案，北京市各区

---

❶ 市委教工委市教委召开北京教育系统师德考核年工作部署会 [EB/OL]. (2019-06-12) [2023-05-30]. http://jw.beijing.gov.cn/jyzx/jyxw/201906/t20190612_665208.html.

结合区域师德师风现状及教育发展需要，分别出台师德师风建设的相关制度要求和实施方案，切实将师德师风建设落到实处。

二是创新教育培训模式。为深入贯彻习近平总书记在学校思想政治理论课教师座谈会上的重要讲话精神，北京市委教工委在全国率先建立了思政课教师"持证上岗"制度和拜师活动。所有思政课教师必须经过为期4周的系统培训并考核合格后方可上岗授课。制定"十三五""十四五"时期中小学、幼儿园干部教师培训规划，将思想政治和师德师风建设内容作为教师培训必修课。对中小学教师开展社会主义核心价值观与中华优秀传统文化全员培训，对全市幼儿园园长和教师管理水平、教育教学能力和师德师风修养进行全覆盖培训。北京市各区教委也在师德师风建设方面作出探索。从2014年起，东城区将每年的9月定为"师德师风建设月"，并正式启动了首届"师德师风建设月"活动。❶ 东城区通过建立健全教育、宣传、考核、监督与奖惩相结合的师德建设长效机制，努力造就一支师德高尚、业务精湛、充满活力的专业化教师队伍。石景山区将师德建设纳入年度计划，构建中小幼一体化师德建设体系，以进一步健全师德教育、宣传、监督、考核与奖惩相结合的长效机制，引导教师涵养高尚师德，营造立德树人的育人环境。同时，石景山区注重提升教师队伍思想道德素养和理论水平，引导教师坚定理想信念、厚植爱国情怀，围绕"四有"好老师标准及教师职业行为规范开展师德师风专题学习20 362人次，开展师德等职业道德培训17 211人次。❷

三是加强先进典型宣传。市级层面选树宣传"人民教育家""时代楷模"、教书育人楷模、最美教师、优秀教师、模范教师、黄大年式教

---

❶ 北京东城师德不过关不得上岗 职称评优将一票否决［EB/OL］.（2014-09-10）［2023-05-30］.http：//edu.people.com.cn/n/2014/0910/c1053-25632433.html.

❷ 为人师表，传道授业——石景山区全面加强师德师风建设［EB/OL］.（2021-08-17）［2023-05-30］.https：//baijiahao.baidu.com/s?id=1708343488788736235&wfr=spider&for=pc.

师团队等优秀教师典型。依托北京电视台制作《非常向上——开学第一课》，组织开展主题为"春风化雨、桃李成林"师生主题展演活动，讲好新时代首都教师的师德故事。举办"师爱无尘——做幸福教师"大型公益活动，采取先进事迹报告会、电视访谈等形式开展学习、宣传全国教书育人楷模、北京市人民教师等活动，弘扬了高尚师德，传递了正能量。发挥师德榜样的引领和辐射作用，激励广大教师见贤思齐。区层面通过多种途径选树宣传优秀教师、师德楷模，组织教师学习研讨。如西城区努力将教师打造成"学生成长的人生导师"，以"我心中的好老师"教育活动、首席班主任制度等品牌项目为抓手，树立师德典型，引导教师做社会主义核心价值观的践行者与传播者。学校层面充分利用教师节不仅学习先进典型，而且向学生、家长、社会宣传身边的高尚师德。

四是开展警示教育，推动规矩意识入脑入心。筑牢师德师风防线，设立北京市师德失范曝光平台，加大对违反师德师风典型案例的曝光力度，北京市教委不定期选择各区各校师德失范典型案例在北京市教委"师德失范曝光平台"上通报，起到震慑警示作用。2021年在曝光平台上通报了5名中小学在职教师在校外培训机构违规兼职取酬处理结果，各区各校以典型案例为反面教材，引导广大教师知红线、明底线，知规明纪、以法自律。

第三节
北京市加强师德师风建设的主要成效

经过近几年的不懈努力，北京市中小学校以思想政治教育和师德教育为核心全面加强师德师风建设，不仅建立起良好的长效机制，而且在社会层面亦有良好反响，有力推进了全社会尊师重教的良好局面。2021年11月，在教育部召开的师德专题教育总结交流暨师德师风建设重点工作落实推进会上，北京市介绍了师德专题教育的典型经验，充分显示了北京市师德师风建设落地见效。

一、师德教育全覆盖的趋势基本形成

在全市的统筹部署下，各区各校积极探索强化师德师风建设的主体责任，做到全员全覆盖，尤其将师德教育贯穿落实到每所学校。例如，延庆区教育系统68个基层单位全部制定了校级专题教育方案，做到"一把手挂帅亲自抓，副职领导具体抓"，把责任目标落实到各有关岗位及责任人。政治素质过硬、业务能力精湛、育人水平高超的高素质教师队伍逐渐建成。

二、师德教育形式不断创新

各区各校积极结合自身特色，不断探索创新师德教育活动形式。例如，开展教师宣誓活动；充分挖掘红色资源，传承红色精神；组织师德先进教师代表走近广大教师，生动讲好师德故事、育人故事，等等。

三、师德榜样不断涌现

2021年，在全系统评选出10名教师获北京市人民教师奖、10名教师获北京市人民教师奖提名奖，开展"北京市优秀教师和优秀教育工作者""北京市师德榜样"等评选表彰工作，以献身教育事业并作出突出贡献的优秀教师为榜样，在全市教育系统掀起争做"四有"好老师的热潮。

四、良好师德已融入教师教书育人的实践中

将社会主义核心价值观教育融入教师入职培养、职后培训、聘任管

理、考核评价全过程，有效提升了教师在课堂教学中培育和践行社会主义核心价值观的意识与能力，很多教师深入挖掘社会主义核心价值观在学科教学内容中的切入点，研究教学策略，探索学生易于接受、乐于接受的授课方式。教师培育和践行社会主义核心价值观的主动意识和自觉实践能力进一步增强，育人效果显著提升。在年度督导调研中，通过召开教师座谈会和随机进班听课，发现教师们对社会主义核心价值观内涵的理解普遍较为深刻，并能在课堂教学中注重体现社会主义核心价值观教育内容，多数教师能够有意识地在课堂教学中挖掘教材、拓展教材，努力做到每堂课不仅传播知识，而且传授美德。从学生问卷结果来看，学生在评价"我校老师能够带头践行社会主义核心价值观"一题时，小学生评价得分为98.08分，中学生评价得分为96.91分，说明学生充分认可教师的师德表现。在"老师们能够在课堂上结合教学内容讲解社会主义核心价值观的内容"一题中，小学生评价得分为98.08分，中学生评价得分为96.49分；在"老师能够平等对待每一个学生"一题中，小学生评价得分为93.85分，中学生评价得分为95.88分；在"老师鼓励我们在课堂上表达不同想法"一题中，小学生评价得分为98.46分，中学生评价得分为99.18分，这侧面说明教师的教育理念和教学方式已经发生了很大变化，在课堂教学中能够以学生为本，充分调动学生学习积极性，渗透社会主义核心价值观教育内容，育人效果得到提升。市督导调研专家组在西城区随班听小学五年级英语课时，看到教师在课堂上能恰当地渗透爱国主义价值要素，在介绍不同国家所崇尚的运动时，适当引入中国的乒乓球、游泳等运动项目与世界冠军，既与课堂内容有机结合，又能激发学生爱国主义情怀。❶

---

❶ 北京市2016年中小学校培育和践行社会主义核心价值观督导调研报告［EB/OL］.（2017-04-25）［2023-05-30］.http://jw.beijing.gov.cn/jyzx/ztzl/bjjydd/ddbg/201903/t20190325_537067.html.

第三章

调查研究——
北京市中小学师德师风
制度建设现状调查

第三章 调查研究——北京市中小学师德师风制度建设现状调查

为了深入考察北京市中小学师德师风建设情况，本书课题组基于方便取样的原则，于2021年4月20日至6月20日在北京市五个区分别开展问卷调查，面向教师、学生、家长三类群体，采取教师自评、互评和学生、家长他评相结合的方式开展。具体的调查结果和分析如下。

第一节
调查说明和指标体系

一、调查对象

为考察北京市师德师风制度建设情况，本书课题组在北京市五个区（分别简称CY区、HD区、SY区、MT区、MY区）的中小学开展针对教师、学生、家长的问卷调查。每个区选取小学、初中、高中各两所学校❶，在随机抽选且基于方便取样的原则下发放教师问卷，并在小学六年级、初中二年级和高中二年级各两个班的学生和家长中发放学生问卷和家长问卷。

二、调查工具与指标体系

本研究依据2013年以来教育部印发的《关于建立健全中小学师德

---

❶ 除CY区没能在高中学校开展问卷调查、HD区缺少一所初中校问卷调查外，其他区域均按既定要求顺利发放教师、学生、家长问卷。

建设长效机制的意见》《严禁教师违规收受学生及家长礼品礼金等行为的规定》《严禁中小学校和在职中小学教师有偿补课的规定》《新时代中小学教师职业行为十项准则》《中小学教师违反职业道德行为处理办法（2018年修订）》，以及北京市下发的《关于建立健全北京市中小学师德建设长效机制的实施意见》《新时代北京市中小学教师职业行为十项准则》《北京市中小学教师师德考核办法》《北京市中小学教师违反职业道德行为处理办法》等政策文本中具体要求，并结合学者的教师职业伦理等研究成果，确定包含教师调查问卷、学生调查问卷和家长调查问卷组成的调查工具，每个问卷结合自身特征确立调查指标。

教师调查问卷分为两个层面：一方面，通过开展针对教师对学校师德师风制度建设的感知来考察师德师风建设，包含师德教育、师德宣传、师德考核、师德激励、师德监督、师德惩处六大维度，每个维度下设2~4个评价指标，总计16个指标，重在考察制度机制的建设情况；另一方面，通过开展教师自评和他评的方式评价自身和其他教师师德表现水平，包含政治方向、教师职责、关爱学生、公平公正、廉洁自律等9个指标，重在以师德表现衡量师德师风制度机制建设效果。另外，专门设计5个指标来考察教师自身对教师职业认知的判断，以更好地构建教师职业道德与师德建设的共情立场。

学生调查问卷主要开展针对学生对教师师德表现的评价，包含爱国守法、传播正能量、潜心育人、关爱学生、校园安全、言行处事、廉洁自律、规范从教八个维度，每个维度下设2~4个评价指标，总计22个指标，重在通过学生对教师师德表现的评价来衡量师德师风制度机制建设效果。

家长调查问卷主要开展学生家长对教师师德表现的评价，包含爱国守法、传播正能量、潜心育人、关爱学生、校园安全、言行处事、廉洁自律、规范从教八个维度，每个维度下设2~4个评价指标，总计24个指标，重在通过学生家长对教师师德表现的评价衡量师德师风制度机制建设效果。同时，对学校的师德建设评价、高尚师德宣传获得途径，以及师德表现满意程度、教师职业认知等5个指标作出感知判断，以此构建教师职业道德、社会期望和师德建设的共情立场。

本研究所有测量题项采用Likert 5级量表，从"非常不符合"到"非常符合"，由低到高赋分1~5，并通过SPSS24.0开展分析。

三、样本说明

本次调查通过问卷星平台向上述三类群体发放电子问卷，回收教师问卷1156份，剔除无效问卷92份，剩余有效问卷1064份，问卷有效率为92.0%。其中，CY区教师107人，占10.1%；HD区教师139人，占13.1%；SY区教师250人，占23.4%；MT区教师283人，占26.6%；MY区教师285人，占26.8%。男性教师265人，占24.9%；女性教师799人，占75.1%。大学专科及以下学历16人，占1.5%；大学本科及以上学历1048人，占98.5%。毕业于师范院校的教师874人，占82.1%；毕业于非师范院校的教师190人，占17.9%。小学教师347人，占32.7%；初中教师308人，占28.9%；高中教师330人，占31.0%；九年一贯制教师53人，占5.0%；初中高中一贯制教师26人，占2.4%。普通教师517人，占48.6%；班主任328人，占30.8%；各类管理者219人，占20.6%。5年以下教龄教师212人，占19.9%；5~10年教龄教师172人，占16.2%；11~20年教龄教师280人，占26.3%；21~30年教龄教师257人，占24.2%；30年以上教龄教师143人，占13.4%。具有高级和正高级职称的教师303人，占28.5%；具有中级职称的教师395人，占37.1%；具有初级职称和未评职称的教师366人，占34.4%。具体信息详见表3-1。

表 3-1　教师调查问卷（$N=1064$）

类别	选项	人数/人	百分比/%	类别	选项	人数/人	百分比/%
区位	CY 区	107	10.1	学校位置	乡村	212	19.9
	HD 区	139	13.1		城乡接合部	220	20.7
	SY 区	250	23.4		城区	632	59.4
	MT 区	283	26.6	任教学段	小学	347	32.7
	MY 区	285	26.8		初中	308	28.9
性别	男	265	24.9		高中	330	31.0
	女	799	75.1		九年一贯制	53	5.0
学历	高中	3	0.3		初中高中一贯制	26	2.4
	大学专科	13	1.2	教龄	不满 1 年	60	5.6
	大学本科	792	74.4		5 年以下，1 年以上	152	14.3
	硕士研究生	247	23.2		5~10 年	172	16.2
	博士研究生	9	0.9		11~20 年	280	26.3
毕业院校	师范院校	874	82.1		21~30 年	257	24.2
	非师范院校	190	17.9		30 年以上	143	13.4
岗位	普通教师	517	48.6	职称	未评职称	76	7.1
	班主任	328	30.8		三级教师	8	0.8
	教学组长等	121	11.4		二级教师	282	26.5
	学校中层	72	6.8		一级教师	395	37.1
	副校长	17	1.6		高级教师	296	27.8
	校长	9	0.8		正高级教师	7	0.7

回收学生问卷 1187 份，剔除无效问卷 111 份，剩余有效问卷 1076 份，问卷有效率为 90.6%。其中，CY 区学生 365 人，占 33.9%；HD 区学生 144 人，占 13.4%；SY 区学生 207 人，占 19.2%；MT 区学生 185 人，占 17.2%；MY 区学生 175 人，占 16.3%。小学学生 545 人，占 50.7%；初中学生 310 人，占 28.8%；高中学生 221 人，占 20.5%。男

学生 507 人，占 47.1%；女学生 569 人，占 52.9%。北京籍学生 888 人，占 82.5%；外地学生 188 人，占 17.5%。详见表 3-2。

表 3-2　学生调查问卷（$N=1064$）

类别	项目	人数/人	百分比/%
区域	CY 区	365	33.9
	HD 区	144	13.4
	SY 区	207	19.2
	MT 区	185	17.2
	MY 区	175	16.3
学段	小学	545	50.7
	初中	310	28.8
	高中	221	20.5
性别	男	507	47.1
	女	569	52.9
户籍	北京	888	82.5
	外地	188	17.5

回收家长问卷 1306 份，剔除无效问卷 106 份，剩余有效问卷 1200 份，问卷有效率为 91.9%。其中，CY 区家长 294 人，占 24.5%；HD 区家长 109 人，占 9.1%；SY 区家长 251 人，占 20.9%；MT 区家长 255 人，占 21.2%；MY 区家长 291 人，占 24.3%。小学家长 576 人，占 48.0%；初中家长 314 人，占 26.2%；高中家长 310 人，占 25.8%。男家长 410 人，占 34.2%；女家长 790 人，占 65.8%。30 岁以下家长 16 人，占 1.3%；31~35 岁家长 84 人，占 7.0%；36~40 岁家长 394 人，占 32.8%；41~45 岁家长 479 人，占 39.9%；46~50 岁家长 164 人，占 13.7%；51 岁以上家长 63 人，占 5.3%。小学学历 23 人，占 1.9%；初中学历 150 人，占 12.5%；高中学历 259 人，占 21.6%；大学专科学历 279 人，占 23.3%；大学本科学历 407 人，占 33.9%；硕士研究生及以上学历 82 人，占 6.8%。详见表 3-3。

表 3-3　家长调查问卷（$N=1200$）

类别	项目	人数/人	百分比/%	类别	项目	人数/人	百分比/%
区域	CY 区	294	24.5	孩子学段	小学	576	48.0
	HD 区	109	9.1		初中	314	26.2
	SY 区	251	20.9		高中	310	25.8
	MT 区	255	21.2	年龄	30 岁以下	16	1.3
	MY 区	291	24.3		31~35 岁	84	7.0
性别	男	410	34.2		36~40 岁	394	32.8
	女	790	65.8		41~45 岁	479	39.9
职业	企事业单位领导	115	9.6		46~50 岁	164	13.7
	专业技术人员	302	25.1		51 岁以上	63	5.3
	行政办事人员	156	13.0	学历	小学	23	1.9
	商业服务人员	294	24.5		初中	150	12.5
	涉农林人员	10	0.8		高中	259	21.6
	生产单位一线人员	75	6.3		大学专科	279	23.3
	军人	2	0.2		大学本科	407	33.9
	无固定职业	246	20.5		硕士研究生及以上	82	6.8

四、信效度检验

在可靠性统计量测量时，本研究针对教师问卷的 16 个指标的检验结果量表 Cronbach's Alpha 系数值为 0.889，针对学生问卷的 22 个指标的检验结果量表 Cronbach's Alpha 系数值为 0.970，针对家长问卷的 24 个指标的检验结果量表 Cronbach's Alpha 系数值为 0.978。通常在探索性研究中 Cronbach's α 系数值达到 0.8 或更高即认为一致性信度很好[1]，因此，本研究的教师问卷、学生问卷、家长问卷的一致性信度很好。为

---

[1] 李志辉，罗平. PASW/SPSS Statistics 中文版统计分析教程 [M].3 版.北京：电子工业出版社，2010：495.

检验量表的建构效度，本书课题组采用变量因素的相关性检验和因子分析，检验结果显示，教师问卷的 16 个指标的 KMO 值为 0.870，学生问卷的 22 个指标的 KMO 值为 0.971，家长问卷的 24 个指标的 KMO 值为 0.967。一般认为，KMO 值越逼近 1，表明对这些变量进行因子分析的效果越好，大于 0.9 时效果最佳。❶本研究中教师问卷的 KMO 值接近 0.9，学生问卷和家长问卷的 KMO 值均大于 0.9，表明这些变量进行因子分析的效果很好。在 Bartlett 球形度检验中，按 $\alpha=0.05$ 水准，教师问卷、学生问卷、家长问卷的 P 值均=0.000<0.001，可认为相关矩阵不是单位阵，即意味着变量高度相关，足够为因子分析提供合理基础。

第二节
师德师风建设的描述性分析

一、教师对师德师风制度建设整体情况感知

（一）八成教师认为师德师风制度机制已经建立

整体感知师德师风制度机制是否建立，是对师德师风建设情况的总体考量，是最直接的方式。就调查结果呈现的平均值而言，教师对师德师风制度机制是否建立的评价较高（$M=3.91$，$SD=0.832$），百分比呈现为 78.2% 的教师认为已经建立。教师针对师德师风改善情况的评价也较高（$M=4.03$，$SD=0.780$），百分比呈现为 80.6% 的教师认为改善显著。详见表 3-4。

---

❶ 李志辉，罗平.PASW/SPSS Statistics 中文版统计分析教程［M］.3 版.北京：电子工业出版社，2010：453.

表 3-4 师德师风总体建设感知（$N=1064$）

变量	最小值	最大值	平均值（M）	标准差（SD）
师德师风制度机制建立	1	5	3.91	0.832
师德师风有显著改善	1	5	4.03	0.780

（二）师德教育效果最好，师德宣传相对偏低

在师德师风制度机制建设的六个方面，就平均值而言，教师对师德教育的评价最高（$M=4.42$，$SD=0.564$），即88.4%的教师对师德教育的效果是认同的；教师对师德激励的评价均值也相对较高（$M=4.10$，$SD=0.687$），即82.0%的教师认同当前的师德激励；教师对师德惩处的评价均值也超过了4（$M=4.02$，$SD=0.641$），即80.0%的教师认同当前的教师惩处；教师对师德考核的评价均值（$M=3.84$，$SD=0.662$）和师德监督的评价均值（$M=3.83$，$SD=0.793$）略低且基本相当，从百分比上看，教师认同的比例分别为76.8%和76.6%；教师对师德宣传的评价均值在六个维度中最低（$M=3.69$，$SD=0.812$），百分比呈现为73.8%。在具体变量感知评价中，教师对职后培训中师德教育的评价最高（$M=4.49$，$SD=0.640$），即89.8%的教师认同职后培训中的师德教育；对师德宣传在社会尊师重教中发挥的作用评价最低（$M=3.20$，$SD=1.209$），百分比呈现显示，仅有64.0%的教师认同师德宣传对社会尊师重教有一定的作用。详见表3-5。

表 3-5 师德师风建设描述性数据（$N=1064$）

维度	变量	平均值（M）	标准差（SD）	平均值（M）	标准差（SD）
师德教育	入职前您系统接受了师德教育	4.44	0.621	4.42	0.564
	刚入职时您系统接受了岗前师德教育	4.44	0.632		
	入职后的日常培训中师德教育是重要内容	4.49	0.640		
	职前职后的师德教育有针对性和实效性	4.32	0.712		

续表

维度	变量	平均值（M）	标准差（SD）	平均值（M）	标准差（SD）
师德宣传	师德宣传基本形成制度化和常态化	4.33	0.686	3.69	0.812
	家长和学生了解教师职业的重要性和特殊性	3.53	1.073		
	师德宣传在社会尊师重教中发挥作用	3.20	1.209		
师德考核	师德考核有利于教师自觉加强师德修养	3.94	0.816	3.84	0.662
	师德考核符合教师职业性质	4.01	0.770		
	师德考核没有给您带来很大困扰	3.57	1.111		
师德激励	定期评选表彰各级师德标兵	4.25	0.715	4.10	0.687
	师德是评选职称、骨干、学科带头人等的基本条件	3.94	0.888		
师德监督	学校基本建立多方参与的师德监督体系	4.05	0.807	3.83	0.793
	教师对不实师德举报有申诉渠道	3.61	0.993		
师德惩处	师德师风制度规范有效发挥约束作用	4.06	0.704	4.02	0.641
	师德失范查处得当	3.99	0.727		

（三）教师对自我师德行为表现和同侪师德行为表现评价较高

加强师德师风建设的最终目的是不断提高教师职业道德水平，师德师风制度机制的不断完善，体现在教师职业道德水平的不断提高上。教师职业道德水平的高低可以通过多方予以评价，教师群体自身对职业道德水平的评价也是其中有效评价之一。调查结果显示，教师对自我职业道德水平的评价均值较高（$M=4.69$，$SD=0.511$），即93.8%的教师认可自身的职业道德水平，其中，廉洁自律、传播正能量、拥护贯彻党的教育方针和政策、履行教师职责、关爱学生等的均值均超过4.70；对同侪的职业道德水平评价虽然低于对自我职业道德水平评价，但总体处于较高水平（$M=4.55$，$SD=0.616$），即91.0%的教师认可同侪的职业道德水平，其中，履行教师职责、传播正能量、关爱学生的均值均超过4.59。详见表3-6。

表3-6 教师自评和对同侪职业道德水平评价（$N=1064$）

变量	自评平均值	他评平均值	自评标准差	他评标准差
拥护贯彻教育方针和政策	4.73	4.57	0.506	0.600
履行教师职责	4.72	4.59	0.498	0.572
传播正能量	4.74	4.59	0.478	0.589
专研业务因材施教	4.67	4.54	0.507	0.600
关爱学生	4.72	4.59	0.491	0.584
保护学生	4.58	4.49	0.550	0.616
协同合作	4.67	4.56	0.524	0.595
公平公正	4.61	4.40	0.569	0.726
廉洁自律	4.74	4.53	0.473	0.660
均值	4.69	4.55	0.511	0.616

（四）近九成教师对自身职业的认同度较高

教师职业认同是教师对教师这一职业及教师个体所内化的"职业角色"的"认可""承认""接受""赞赏"等主观心理感受，是教师个体的一种与职业有关的积极的态度。❶高度的职业认同能够激发教师职业理想，引发其积极的职业行为，是教师自主专业发展的重要动力来源。职业认同较高的教师社会认知加工更积极有效。❷不断提高教师职业认同是师德师风建设的重要组成部分。从调查结果来看，教师对自身

---

❶ 魏淑华.教师职业认同研究［D］.重庆：西南大学，2008.

❷ 魏淑华，宋广文，张大均.不同职业认同水平教师对职业生活事件的社会认知加工特征［J］.心理发展与教育，2017（1）：45-55.

职业的认知与职业认同度较高（$M=4.36$，$SD=0.593$），即 87.2% 的教师认同自身职业，其中，认为教师职业首先是一个道德从业者的均值最高（$M=4.55$），其次是教师职业应具有奉献精神（$M=4.43$），教师具有神圣的使命的均值也相对偏高（$M=4.37$），热爱教师职业的均值达到 4.32（详见表 3-7）。教师较高的职业认知与认同在一定程度上反映出教师自身对教师职业的现实评价和职业倾向，有利于提高教师职业吸引力。

表 3-7　教师职业认知与认同评价（$N=1064$）

维度	变量	最小值	最大值	平均值（M）	标准差（SD）	平均值（M）	标准差（SD）
教师职业认知与认同	太阳底下最光辉的职业	1	5	4.13	0.961	4.36	0.593
	具有神圣的使命	1	5	4.37	0.760		
	具有奉献精神	1	5	4.43	0.723		
	首先是一个道德从业者	1	5	4.55	0.616		
	热爱教师职业	1	5	4.32	0.710		

二、学生对教师职业道德水平情况感知

师生之间的道德关系发挥着重要的教育职能，在教育教学活动中，学生可以真切感知到教师的教育理想、潜心于人、关心关爱、公平公正、规范从教，对这种感知的评价亦能呈现出师德师风建设的真实性和取得的效果。在对学生的调查中，为了既不影响毕业班学生的学习，又能真实反映学生的真实评价水平，在 27 所学校针对学生的调查中，选择小学六年级的两个班、初中二年级的两个班和高中二年级的两个班。具体调查结果和分析如下。

基于学生评价教师师德表现八个维度的分析发现，学生对教师师德表现评价很高，其中，爱国守法和廉洁自律维度评价最高，均值达到 4.83，即 96.6% 的学生认为教师是爱国守法和廉洁自律的；

规范从教和言行处事得当的均值也分别达到4.82和4.81，即96.2%的学生认为教师规范从教和言行处事得当；潜心育人和校园安全防范的均值达到4.79；相对偏低的为关爱学生和传播正能量，均值分别为4.74和4.72。

在对学生评价教师师德行为表现22个具体变量的分析中发现，学生对教师不索要礼品或礼金的评价均值最高，为4.87，即97.4%的学生认为教师没有向他们索要礼品或礼金；对教师热爱祖国、从不损害学校利益、没有任何形式的有偿补课3个变量评价均值均达到4.84，百分比达到96.8%；对教师维护教师形象和学校声誉、教育教学内容积极向上2个变量评价均值为4.83，百分比达到96.6%；对教师拥护中国共产党、关心并严格要求你和同学、经常开展安全意识教育、在学校老师会保护你们、尊重你的父母和家人、不推销图书报刊等、不诱导参加校外机构培训7个变量评价均值均达到或超过4.80，百分比达到96.0%；对教师教学内容新颖丰富、尊重你和同学、一视同仁地对待你和同学、防止学生之间的侮辱欺凌、在教学过程中没有网购等、在评选优秀学生时公开公正6个变量评价均值超过4.70，百分比达到94.0%；对教师从未侮辱和体罚过你和同学、不传播不良信息2个指标变量评价均值相对偏低，分别为4.69和4.61，百分比分别为93.8%和92.2%（详见表3-8）。这说明学生对教师师德行为表现总体认同较高。

表3-8 学生对教师职业道德水平感知（$N=1076$）

维度	变量	最小值	最大值	平均值（M）	标准差（SD）	平均值（M）	标准差（SD）
爱国守法	拥护中国共产党	1	5	4.82	0.583	4.83	0.522
	热爱祖国	1	5	4.84	0.538		
	维护教师形象和学校声誉	1	5	4.83	0.545		
传播正能量	教育教学内容积极向上	1	5	4.83	0.537	4.72	0.669
	不传播不良信息	1	5	4.61	1.042		

续表

维度	变量	最小值	最大值	平均值（M）	标准差（SD）	平均值（M）	标准差（SD）
潜心育人	认真上课教学	1	5	4.84	0.525	4.79	0.530
	教学内容新颖丰富	1	5	4.74	0.594		
	尊重你和同学	1	5	4.75	0.643		
关爱学生	关心并严格要求你和同学	1	5	4.80	0.547	4.74	0.583
	一视同仁地对待你和同学	1	5	4.72	0.662		
	从未侮辱和体罚过你和同学	1	5	4.69	0.728		
校园安全防范	经常开展安全意识教育	1	5	4.80	0.541	4.79	0.508
	防止学生之间的侮辱欺凌	1	5	4.77	0.573		
	在学校老师会保护你们	1	5	4.81	0.531		
言行处事得当	尊重你的父母和家人	1	5	4.82	0.506	4.81	0.489
	在教学过程中没有网购等	1	5	4.79	0.637		
	从不损害学校利益	1	5	4.84	0.516		
	在评选优秀学生时公开公正	1	5	4.79	0.562		
廉洁自律	不索要礼品或礼金	1	5	4.87	0.458	4.83	0.475
	不推销图书报刊等	1	5	4.80	0.581		
规范从教	没有任何形式的有偿补课	1	5	4.84	0.536	4.82	0.517
	不诱导参加校外机构培训	1	5	4.81	0.556		

三、家长对师德师风制度建设整体情况感知

教师是家校共育的桥梁，加强师德师风建设可以不断改善教师和家长的关系，在教师与家长交流沟通合作中，让家长感知到教师的教育理想、潜心育人、关心关爱、公平公正、言行处事、廉洁自律、规范从教等良好师德，进而尊重教师、信任教师，形成良好的家校共育、共情的氛围。具体调查结果和分析如下。

(一)家长对师德师风建设评价较好

从总体上看,家长感受学校重视师德师风建设的均值比较高($M=4.75$,$SD=0.541$),即95.0%的家长认为学校重视师德师风建设。家长对教师师德整体状况的满意度也相对比较高($M=4.60$,$SD=0.621$),即93.0%的家长对教师职业道德是满意的。详见表3-9。

表3-9 家长对师德师风建设整体感知($N=1200$)

变量	最小值	最大值	平均值	标准差
学校重视师德师风建设	1	5	4.75	0.541
师德状况总体满意	1	5	4.60	0.621

(二)家长对教师职业道德水平八个维度感知中爱国守法和传播正能量均值最高,校园安全防范均值相对偏低

在对教师职业道德水平的感知中,家长对教师的爱国守法、传播正能量两个维度的评价是最高的,均值均达到4.83,即96.6%的家长认为教师是爱国守法、在教育教学中传递正能量的。家长对教师的廉洁自律的评价均值也比较高,达到4.80,即96.0%的家长认为教师是廉洁自律的。家长对教师的规范从教、关爱学生、潜心育人、言行处事得当的评价均值为4.76~4.78,百分比呈现为95.2%~95.6%。家长对教师的校园安全防范评价均值相对偏低为4.74,百分比呈现也达到94.8%。在具体变量感知评价中,家长对教师热爱祖国、维护教师形象和学校声誉、教学内容积极向上的感知评价均值最高为4.84,即96.8%的家长认为教师是热爱祖国、维护教师形象和学校声誉、教学内容积极向上的;家长对教师从未侮辱和体罚过孩子、一视同仁地对待孩子、有效防止学生之间的侮辱和欺凌、处事公道的感知评价相对较低,均值为4.72~4.73,百分比呈现为94.4%~94.6%。详见表3-10。

表 3-10 家长对教师职业道德水平感知（$N=1200$）

维度	变量	最小值	最大值	平均值（M）	标准差（SD）	平均值（M）	标准差（SD）
爱国守法	拥护中国共产党	1	5	4.82	0.482	4.83	0.415
	热爱祖国	1	5	4.84	0.448		
	维护教师形象和学校声誉	1	5	4.84	0.422		
传播正能量	教学内容积极向上	1	5	4.84	0.439	4.83	0.444
	不散布不良信息	1	5	4.83	0.511		
潜心育人	具有现代教育理念	1	5	4.78	0.493	4.76	0.465
	老师业务能力强	1	5	4.77	0.488		
	遵循教育规律因材施教	1	5	4.74	0.532		
	尊重孩子和您	1	5	4.80	0.479		
关爱学生	关心并严格要求孩子	1	5	4.77	0.505	4.77	0.454
	一视同仁地对待孩子	1	5	4.73	0.572		
	从未侮辱和体罚过孩子	1	5	4.72	0.585		
校园安全防范	开展安全教育增强安全意识	1	5	4.79	0.462	4.74	0.506
	有效防止学生之间的侮辱和欺凌	1	5	4.73	0.547		
	在学校会保护孩子	1	5	4.76	0.507		
言行处事得当	举止文明	1	5	4.78	0.489	4.76	0.472
	能和您很好交流沟通	1	5	4.76	0.502		
	处事公道	1	5	4.73	0.538		
廉洁自律	没有向您和家人索要礼品或礼金	1	5	4.80	0.568	4.80	0.513
	没有向您和家人推销图书报刊等	1	5	4.79	0.549		
	没有利用您的资源谋取私利	1	5	4.79	0.540		
规范从教	没有参与任何形式的有偿补课	1	5	4.80	0.532	4.78	0.467
	没有诱导您参加校外机构培训	1	5	4.78	0.557		
	认真批改作业	1	5	4.77	0.487		

（三）家长对教师的道德性职业认知期待较高

在家长的认知中，家长认为教师首先是道德从业者的均值较高（$M=4.77$，$SD=0.483$），即95.4%的家长认为教师首先是道德从业者。家长认为教师职业需要一定的奉献精神的均值也达到4.74，百分比呈现为94.8%（详见表3-11）。这意味着家长对教师职业的道德性和奉献性的期待较高。

表3-11 家长对教师的道德性职业认知感知（$N=1200$）

变量	最小值	最大值	平均值（M）	标准差（SD）
教师首先应该是一个道德从业者	1	5	4.77	0.483
教师职业需要一定的奉献精神	1	5	4.74	0.498

第三节
师德师风建设的差异性分析

一、教师对师德师风制度建设效果感知的差异性分析

为了更好地考察师德师风制度建设的总体概况及具体细节，本书课题组开展了教师群体的方差分析，通过方差分析发现，不同教师群体对师德师风制度建设的效果感知有的存在一定差异，有的则没有差异。其中，不同区域、不同岗位、不同学校办学水平、不同毕业学校或专业、不同职称、不同教龄、不同学历，以及学校不同所在地的教师之间对师德师风制度建设的效果存在不同程度的差异，但不同性别和不同学段教师之间不存在差异。具体如下。

（一）不同区域的教师对师德师风建设总体效果及具体相关方面的感知存在不同程度的差异

从师德师风整体制度建设和效果来看，五个区域间存在非常显著的差异（$P<0.001$），其中，CY 区教师均值最高为 4.20，效果较好，其次为 MY 区教师均值为 4.16，以下依次为 HD 区和 SY 区，教师均值分别为 3.92 和 3.87，MT 区相对较低，教师均值仅为 3.81。

就具体维度分析来看，师德教育的效果五个区的教师之间存在显著差异（$P<0.01$），其中，MY 区教师均值最高为 4.52，效果较好，其次为 CY 区，教师均值为 4.50，以下依次为 HD 区和 MT 区，教师均值分别为 4.40 和 4.38，SY 区相对较低，均值也达到 4.34。师德宣传的效果五个区教师之间存在非常显著的差异（$P<0.001$），MY 区教师均值最高为 3.87，其次为 CY 区，教师均值为 3.71，以下依次为 MT 区和 HD 区，教师均值分别为 3.69 和 3.57，SY 区相对较低，教师均值为 3.53。师德激励的效果五个区教师之间存在非常显著的差异（$P<0.001$），MY 区教师均值最高为 4.23，效果较好，其次为 CY 区，教师均值为 4.22，以下依次为 SY 区和 MT 区，教师均值分别为 4.09 和 3.99，HD 区相对较低，教师均值为 3.96。师德考核的效果五个区的教师之间存在非常显著的差异（$P<0.001$），其中，MY 区教师均值最高为 3.97，效果较好，其次为 MT 区，教师均值为 3.85，以下依次为 CY 区和 HD 区，教师均值分别为 3.84 和 3.74，SY 区相对较低，教师均值为 3.73。师德监督的效果五个区的教师之间存在显著差异（$P<0.01$），其中，MY 区教师均值最高为 3.97，效果较好，其次为 CY 区，教师均值为 3.93，以下依次为 MT 区和 SY 区，教师均值分别为 3.77 和 3.75，HD 区相对较低，教师均值为 3.72。师德惩处的效果五个区的教师之间存在显著差异（$P<0.01$），其中，CY 区教师均值最高为 4.19，效果较好，其次为 MY 区，教师均

值为4.11，以下依次为MT区和SY区，教师均值分别为3.98和3.95，HD区相对较低，教师均值为3.93。详见表3-12。

表3-12 各区教师对师德师风建设效果感知的方差及均值比较

维度	CY区	HD区	SY区	MT区	MY区	F值
师德师风建设	4.20	3.92	3.87	3.81	4.16	13.220[***]
师德教育	4.50	4.40	4.34	4.38	4.52	4.550[**]
师德宣传	3.71	3.57	3.53	3.69	3.87	6.756[***]
师德激励	4.22	3.96	4.09	3.99	4.23	6.653[***]
师德考核	3.84	3.74	3.73	3.85	3.97	5.391[***]
师德监督	3.93	3.72	3.75	3.77	3.97	4.473[**]
师德惩处	4.19	3.93	3.95	3.98	4.11	5.029[**]

注：* 表示 $P<0.05$，** 表示 $P<0.01$，*** 表示 $P<0.001$。后文表格中不再重复标注。

从各区师德师风制度建设的整体效果看，MY区整体效果较好，其次为CY区，以下依次为SY区、MT区，HD区相对偏低，但差距较小。

从具体维度的整体效果看，虽然各个区之间有着显著的差异，但师德教育在五个区的整体效果是较好的，其次为师德惩处，以下依次为师德激励、师德监督、师德考核，师德宣传的效果整体偏低。

（二）不同岗位的教师对师德激励和师德监督效果的感知存在显著差异

基于教师工作性质的不同，本书课题组将教师岗位分为普通教师、班主任、教学组长（教研组长、学年组长等）、学校中层（德育主任、教学主任、后勤主任等）、副校长和校长六类。方差分析结果显示，在师德师风整体建设，以及具体维度中的师德教育、师德宣传、师德考核和师德惩处方面，六类教师之间不存在差异。在师德激励和师德监督方面，六类教师之间存在显著性差异（$P<0.01$）。详见表3-13。

表 3-13 不同岗位教师师德师风建设效果感知的方差及均值比较

维度	普通教师	班主任	教学组长等	学校中层	副校长	校长	F 值
师德师风建设	3.93	3.97	4.07	4.06	4.06	4.11	1.248
师德教育	4.38	4.47	4.48	4.40	4.34	4.33	1.483
师德宣传	3.68	3.64	3.72	3.78	3.86	4.07	1.019
师德激励	4.04	4.07	4.25	4.28	4.21	4.44	3.621**
师德考核	3.79	3.84	3.94	3.88	4.02	4.22	1.945
师德监督	3.76	3.80	4.02	4.03	3.88	4.11	3.336**
师德惩处	3.98	4.03	4.13	4.13	3.85	4.28	2.041

在对七个维度的分析中，六类教师之间无论是在师德师风建设总体效果，还是在具体维度中，除师德教育和师德考核外，基本呈现出普通教师相对偏低，并依次不断上升，校长感知效果最好的趋势。但在副校长这一层面，师德师风建设总体效果感知、师德宣传和师德考核与学校中层一致或略高外，在师德教育、师德激励、师德监督、师德惩处上均呈现下降的拐点。需要特别关注的是，在师德教育上，副校长和校长对效果感知的均值均低于其他教师，表明校级管理层认为师德教育至少没有达到预期。

从各岗位教师对师德师风建设效果来看，校长群体认为整体效果较好，其次是教学组长群体和学校中层群体，二者相差很小，以下依次为副校长、班主任，普通教师相对偏低。

从具体维度的整体效果看，各个教师群体普遍认为师德教育是较好的，其次为师德惩处，以下依次为师德激励、师德考核、师德监督，师德宣传的效果整体偏低。

（三）不同办学水平学校的教师对师德师风建设整体效果及具体维度的感知均呈现非常显著的差异

北京教育发展的均衡程度在全国处于相对高水平，但学校之间还是存在一定的差距。为了了解学校之间在师德师风建设中是否存在差异，本书课题组将调查学校的办学水平分为低水平、相对低水平、中等、相对高水平和高水平,通过教师对所在学校办学水平的自我评价,以期考察校际师德师风建设的差距。

方差分析结果显示,不同办学水平学校的教师对师德师风建设的整体效果,以及师德教育、师德宣传、师德激励、师德考核、师德监督、师德惩处各个维度均存在非常显著的差异($P<0.001$),并呈现办学水平越高,师德师风建设整体效果及各维度效果越好的趋势。这表明,办学水平高低与师德师风建设密切相关。详见表3-14。

表3-14 不同办学水平学校的教师师德师风建设效果感知的方差及均值比较

维度	低水平	相对低水平	中等	相对高水平	高水平	F值
师德师风建设	3.80	3.71	3.87	3.98	4.19	9.066***
师德教育	4.21	4.26	4.37	4.41	4.59	7.642***
师德宣传	3.45	3.59	3.56	3.67	3.98	10.054***
师德激励	3.91	3.97	3.99	4.12	4.28	7.101***
师德考核	3.70	3.61	3.73	3.84	4.08	11.216***
师德监督	3.46	3.59	3.76	3.84	4.02	6.723***
师德惩处	3.79	3.82	3.96	4.01	4.24	9.237***

从具体维度的整体效果看,不同办学水平学校的教师普遍认为师德教育的效果是比较好的,其次是师德激励,以下依次为师德惩处、师德考核、师德监督,师德宣传的效果整体偏低。

(四)不同职称的教师对师德师风建设整体效果及具体维度的感知呈现不同程度的差异

中小学教师职称是衡量教师专业发展和专业水平的重要依据,也是教师群体职业特征的专业性体现。为此,本书课题组针对不同职称教师开展师德师风建设的问卷调查,以期考察不同职称教师针对师德师风建设效果的感知是否存在差异。

第三章 调查研究——北京市中小学师德师风制度建设现状调查

方差分析结果显示，不同职称教师对师德师风建设整体效果的感知存在显著差异（$P<0.01$），正高级教师均值最高为4.57，高级教师最低为3.87。在具体维度中，不同职称教师对师德教育、师德宣传、师德惩处效果的感知存在非常显著的差异（$P<0.001$），不同职称教师对师德考核效果的感知存在显著差异（$P<0.01$），对师德监督效果的感知存在差异（$P<0.05$），对师德激励效果的感知不存在差异（$P>0.05$）。详见表3-15。

表3-15 不同职称教师对师德师风建设效果感知的方差及均值比较

维度	未评职称	三级教师	二级教师	一级教师	高级教师	正高级教师	F值
师德师风建设	4.07	4.38	4.04	3.96	3.87	4.57	3.572**
师德教育	4.49	4.47	4.54	4.39	4.32	4.68	5.267***
师德宣传	3.99	4.17	3.77	3.61	3.60	4.29	5.498***
师德激励	4.08	4.38	4.15	4.07	4.05	4.71	2.107
师德考核	3.94	4.13	3.94	3.76	3.79	4.29	4.107**
师德监督	4.01	4.25	3.87	3.78	3.77	4.43	2.861*
师德惩处	4.14	4.50	4.12	3.99	3.93	4.43	4.976***

从不同职称教师对师德师风建设效果的感知来看，正高级教师群体认为整体效果较好，其次是三级教师群体和未评职称群体，以下依次为二级教师群体、一级教师群体，高级教师群体相对偏低。

从具体维度的整体效果看，各个教师群体普遍认为师德教育是较好的，其次为师德激励，以下依次为师德惩处、师德监督、师德考核，师德宣传的效果整体偏低。

（五）不同教龄的教师对师德师风建设整体效果及具体维度的感知呈现不同程度的差异

教龄是教师从事教育事业的实际长短，教龄长短可以有效反映教师职业生涯发展特征。基于此，本书课题组将教师按教龄细分为不满1年的青椒教师、不满5年的新手教师、10年以内的成熟教师、20年以内的骨干教师、30年以内的卓越教师、30年以上的临近退休教师。这种划分方法主要基于成长预期来设定，但在实际的具体操作中成长预期和发展阶段并不受教龄限制。

方差分析结果显示，不同教龄教师对师德师风建设总体效果的感知存在显著差异（$P<0.01$），在具体维度中，不同教龄教师对师德教育、师德考核、师德监督效果的感知存在显著差异（$P<0.01$），对师德宣传、师德惩处效果的感知存在非常显著的差异（$P<0.001$），对师德激励效果的感知不存在差异（$P>0.05$）。详见表3-16。

表3-16 不同教龄教师对师德师风建设效果感知的方差及均值比较

维度	不满1年	5年以下，1年以上	5~10年	11~20年	21~30年	30年以上	F值
师德师风建设	4.18	4.08	3.99	3.94	3.83	4.05	4.119**
师德教育	4.50	4.56	4.48	4.39	4.34	4.39	3.985**
师德宣传	4.11	3.87	3.66	3.64	3.60	3.59	6.158***
师德激励	4.16	4.20	4.06	4.14	4.03	4.03	1.924
师德考核	3.97	3.96	3.86	3.79	3.74	3.89	3.225**
师德监督	4.13	3.92	3.85	3.81	3.72	3.78	3.159**
师德惩处	4.24	4.13	4.10	4.01	3.89	3.98	5.272***

从不同教龄教师对师德师风建设效果的感知来看，教龄越低的教师感知效果越好，21~30年教龄达到最低值，30年以上教龄教师又有所提高，但低于5年教龄以下教师。

从具体维度的效果看，各个教师群体普遍认为师德教育是较好的，其次为师德激励，以下依次为师德惩处，师德监督和师德考核持平，师德宣传的效果相对偏低。

（六）学校不同所在地教师对师德师风建设整体效果及具体维度的感知呈现不同程度的差异

北京作为京畿重地、首善之区，不断缩小城乡学校差距，尤其在加大乡村教师队伍建设上下了大力气。基于此，本书课题组在抽样调查过程中，样本选取对乡村学校提出要求，每个区至少要选择1所乡村学校作为调查对象，因此，在学校选择上就分为城区学校、城乡接合部学校和乡村学校。

基于方差分析结果发现，学校不同所在地教师对师德师风建设总体效果的感知存在非常显著的差异（$P<0.001$），城区教师感知的效果较好，均值为4.04，其次为乡村教师，学校在城乡接合部的教师感知的效果相对偏低，均值为3.82。就具体维度而言，学校不同所在地教师对师德教育、师德激励和师德惩处效果的感知存在显著差异（$P<0.01$），学校不同所在地教师对师德监督存在差异（$P<0.01$），对师德考核不存在差异（$P>0.05$）。详见表3-17。

表3-17 学校不同所在地教师对师德师风建设效果感知的方差及均值比较

维度	乡村	城乡接合部	城区	F值
师德师风建设	3.92	3.82	4.04	8.492***
师德教育	4.41	4.30	4.47	7.176**
师德宣传	3.52	3.61	3.77	8.276***
师德激励	4.09	3.97	4.14	5.066**
师德考核	3.78	3.78	3.88	2.841
师德监督	3.78	3.71	3.88	4.659*
师德惩处	3.98	3.87	4.07	7.317**

从不同学校所在地教师对师德师风建设效果的感知来看，城区学校教师感知较好，其次是乡村学校教师，城乡接合部教师相对偏低。这表明城乡接合部学校在师德师风建设上需要进一步加强。

从具体维度的效果看，不同学校所在地教师普遍认为师德教育是较好的，其次为师德激励，以下依次为师德惩处、师德考核和师德监督，师德宣传的效果相对偏低。

（七）不同学段、不同性别、不同学历，以及不同毕业学校的教师对师德师风建设效果的感知不存在差异

基于方差分析结果发现，不同学段教师、不同性别教师、不同学历

教师，以及是否师范院校或师范专业毕业教师对师德师风建设效果的感知不存在差异（$P>0.05$）。从具体维度的效果看，上述教师普遍认为师德教育是较好的，其次为师德激励或师德惩处，然后是师德考核或师德监督，师德宣传的效果相对偏低。

二、学生对师德师风制度建设效果感知的差异性分析

学生群体对师德师风制度建设效果更多是通过师德表现情况来感知的，因此，本书课题组在针对学生的分析中，主要通过学生对教师师德行为八个方面表现的感知来衡量师德师风制度建设情况。通过方差分析发现，不同学生群体对教师师德表现的感知有的存在一定差异，有的则没有差异。其中，不同区域、不同办学水平、不同位置学校学生之间对师德表现的感知存在不同程度的差异，但不同性别、不同学段、不同户籍学生之间不存在差异。具体如下。

（一）不同区域学生对教师师德表现的感知存在不同程度的差异

方差分析结果显示，五个区域间的学生在教师传播正能量、关爱学生、规范从教的师德表现方面存在差异（$P<0.05$），其中，HD区学生对教师师德在上述三个方面的表现感知是比较好的，其次是MY区，其他三个区互为交替，有高有低。不同区域学生群体对教师言行处事的师德表现之间存在显著差异（$P<0.01$），其中，HD区学生对教师这一师德表现感知是比较好的，均值为4.92，其次为MY区，均值为4.86，以下依次为SY区和CY区，教师均值分别为4.79和4.78，MT区相对较低，均值仅为4.74。不同区域学生对教师爱国守法、潜心育人、校园安全防范、廉洁自律的师德表现感知不存在差异（$P>0.05$）。

从不同区域学校学生对教师师德各维度表现来看，HD区学生对教师师德各维度表现感知比较高，均值为4.90，其次是MY区，均值为

4.83，CY 区和 SY 区比较接近，均值分别为 4.78 和 4.77，MT 区相对偏低，均值为 4.73。

从具体维度的教师师德表现的效果看，不同区域的学生普遍对教师在爱国守法、廉洁自律、规范从教的师德表现感知比较高，均值均为 4.84，其次是言行处事，均值为 4.82，潜心育人和校园安全防范均值均为 4.80，学生对教师关爱学生和传播正能量的师德表现感知相对较低，分别为 4.75 和 4.72。详见表 3-18。

表 3-18　不同区域学生对教师师德表现感知的方差及均值比较

维度	CY 区	HD 区	SY 区	MT 区	MY 区	均值	F 值
爱国守法	4.82	4.94	4.81	4.79	4.85	4.84	2.221
传播正能量	4.76	4.83	4.67	4.60	4.75	4.72	3.195*
潜心育人	4.77	4.90	4.77	4.74	4.82	4.80	2.195
关爱学生	4.75	4.86	4.71	4.65	4.77	4.75	2.757*
校园安全防范	4.77	4.89	4.77	4.73	4.84	4.80	2.802
言行处事	4.78	4.92	4.79	4.74	4.86	4.82	3.679**
廉洁自律	4.82	4.93	4.81	4.80	4.85	4.84	1.971
规范从教	4.78	4.92	4.82	4.78	4.88	4.84	2.894*

（二）不同办学水平学校的学生对教师师德行为表现的感知存在非常显著的差异

方差分析结果显示，不同办学水平（低水平、相对低水平、中等、相对高水平、高水平）学校的学生对教师在爱国守法、传播正能量、潜心育人、关爱学生、校园安全防范、言行处事、廉洁自律、规范从教等八个方面的师德表现均存在非常显著的差异（$P<0.001$），且都呈现出办学水平较高学校学生对教师师德表现感知较好，并伴随办学水平的降低，对教师师德表现的感知下降，即呈现出办学水平越高，学生对教师师德表现的感知越高的态势。

就师德行为表现的具体维度而言，不同办学水平学校的学生对教师爱国守法的师德表现普遍感知较好，均值为 4.77，其次为廉洁自律，均值为 4.76，潜心育人和言行处事持平，均值均为 4.73，以下依次为规范从教、校园安全防范，学生对教师传播正能量的师德表现感知相对偏低，均值仅为 4.61。详见表 3-19。

表 3-19 不同办学水平学校的学生对教师师德感知方差及均值比较

维度	低水平	相对低水平	中等	相对高水平	高水平	均值	F 值
爱国守法	4.58	4.72	4.72	4.89	4.93	4.77	9.276***
传播正能量	4.17	4.64	4.63	4.79	4.81	4.61	6.097***
潜心育人	4.63	4.57	4.69	4.82	4.92	4.73	10.817***
关爱学生	4.44	4.51	4.62	4.79	4.90	4.65	13.068***
校园安全防范	4.53	4.58	4.69	4.82	4.93	4.71	11.809***
言行处事	4.54	4.60	4.71	4.85	4.93	4.73	11.960***
廉洁自律	4.58	4.68	4.77	4.84	4.94	4.76	7.600***
规范从教	4.38	4.68	4.73	4.85	4.95	4.72	10.398***

（三）所在位置不同学校的学生对教师师德表现的感知存在差异

方差分析结果显示，所在位置不同（城区、城乡接合部、乡村）学校的学生对教师在爱国守法、传播正能量、潜心育人、关爱学生、校园安全防范、言行处事六个方面的师德表现均存在差异（$P<0.05$），且都呈现出城区学校的学生对教师师德的各项表现感知相对较好，其次是乡村学校，城乡接合部学校的学生对教师师德的各项表现感知相对偏低的态势。不同学校的学生对教师在廉洁自律和规范从教方面不存在差异（$P>0.05$）。

就师德表现的具体维度而言，所在位置不同学校的学生对教师廉洁自律的师德行为表现感知较高，均值为 4.81，其次为爱国守法和规范从教，均值均为 4.79，以下依次为言行处事（均值为 4.76）、潜心育人和校园安全防范（均值均为 4.74），关爱学生和传播正能量相对偏低，均值分别为 4.69 和 4.67。详见表 3-20。

表 3-20 所在位置不同学校的学生对教师师德感知方差及均值比较

维度	乡村	城乡接合部	城区	均值	F 值
爱国守法	4.76	4.75	4.85	4.79	3.205*
传播正能量	4.66	4.59	4.75	4.67	3.344*
潜心育人	4.72	4.69	4.81	4.74	3.556*
关爱学生	4.66	4.63	4.77	4.69	3.802*
校园安全防范	4.74	4.68	4.81	4.74	4.066*
言行处事	4.75	4.71	4.83	4.76	3.562*
廉洁自律	4.84	4.74	4.85	4.81	2.484
规范从教	4.78	4.75	4.84	4.79	1.705

（四）不同学段、不同性别、不同户籍学生对教师师德行为表现的感知不存在差异

方差分析结果显示，不同学段、不同性别和不同户籍学生对教师爱国守法、传播正能量、潜心育人、关爱学生、校园安全防范、言行处事、廉洁自律、规范从教八个维度师德表现的感知不存在差异（$P>0.05$）。从具体维度的感知看，对教师爱国守法、廉洁自律和规范从教的师德感知是相对比较好的，对传播正能量和关爱学生的师德感知是相对偏低的。

三、家长对师德师风制度建设效果感知的差异性分析

家长群体对师德师风制度建设效果的感知同学生一样，更多是通过师德行为表现情况来感知的。因此，本书课题组在针对家长的分析中，主要通过家长对教师师德行为八个方面表现的感知来衡量师德师风制度建设情况。通过方差分析发现，不同家长群体对教师师德行为表现的感知有的存在一定差异，有的则没有差异。其中，不同区域、不同受教育程度、不同办学水平、不同职业、不同位置学校家长之间对师德表现的感知上存在不同程度的差异，但不同性别、不同学段家长之间不存在差异。具体如下。

（一）不同区域家长对教师各维度师德行为表现的感知存在不同程度的差异

方差分析结果显示，五个区域的家长对爱国守法、校园安全防范的师德行为表现感知存在差异（$P<0.05$）。在爱国守法方面，HD区家长对教师的师德表现感知较高，均值为4.87，其次是MY区，均值为4.86，CY区和SY区均为4.85，MT区相对偏低，为4.75；在校园安全防范方面，MY区家长对教师的师德行为表现感知较高，均值为4.83，其次为HD区，均值为4.78，CY区和SY区均为4.75，MT区相对偏低，为4.68。五个区域的家长对传播正能量、潜心育人、关爱学生、言行处事、规范从教的师德行为表现感知存在显著差异（$P<0.01$）。在传播正能量方面，HD区家长对教师的师德行为表现感知较高，均值为4.88，其次是MY区，均值为4.87，CY区均值也达到4.86，SY区均值为4.82，MT区相对偏低，均值为4.75；在潜心育人方面，MY区家长对教师的师德行为表现感知较高，均值为4.84，CY区、HD区和SY区持平，均值均为4.76，MT区相对偏低，均值为4.70；在关爱学生方面，MY区家长对教师的师德行为表现感知较高，均值为4.81，CY区和HD区均为4.75，SY区为4.74，MT区相对偏低，均值为4.63；在言行处事方面，MY区家长对教师的师德行为表现感知较高，均值为4.83，其次是HD区，均值为4.80，CY区和SY区持平，均值均为4.77，MT区相对偏低，均值为4.69；在规范从教方面，HD区家长对教师的师德行为表现感知较高，均值为4.85，其次是MY区，均值为4.83，CY区和SY区分别为4.80和4.79，MT区相对偏低，均值为4.68。五个区域的家长对教师廉洁自律的师德表现感知存在非常显著的差异（$P<0.001$），HD区家长对教师的师德表现感知较高，均值高达4.92，MY区和CY区分别为4.83和4.82，SY区为4.77，MT区相对偏低，均值为4.69。

从不同区域家长对教师师德行为各维度表现来看，MY区家长对教师师德行为各维度表现感知比较高，均值为4.84，其次是HD区，均值为4.83，CY区和SY区比较接近，均值分别为4.79和4.78，MT区相对偏低，均值为4.70。

从具体维度的教师师德行为表现的效果看，不同区域的家长普遍对教师爱国守法和传播正能量的师德行为表现感知比较高，均值均为4.84，其次是廉洁自律，均值为4.81，规范从教均值为4.79，言行处事均值为4.77，潜心育人和校园安全防范均值均为4.76，关爱学生相对较低，均值为4.74。详见表3-21。

表3-21 不同区域家长对教师师德表现感知的方差及均值比较

维度	CY区	HD区	SY区	MT区	MY区	均值	F值
爱国守法	4.85	4.87	4.85	4.75	4.86	4.84	3.305*
传播正能量	4.86	4.88	4.82	4.75	4.87	4.84	3.576**
潜心育人	4.76	4.76	4.76	4.70	4.84	4.76	3.386**
关爱学生	4.76	4.76	4.74	4.63	4.81	4.74	4.758**
校园安全防范	4.75	4.78	4.75	4.68	4.83	4.76	3.123*
言行处事	4.77	4.80	4.77	4.69	4.83	4.77	3.618**
廉洁自律	4.82	4.92	4.77	4.69	4.83	4.81	5.061***
规范从教	4.80	4.85	4.79	4.68	4.83	4.79	4.321**

（二）不同受教育程度[①]家长对教师师德行为表现的感知有的存在不同程度的差异

方差分析结果显示，不同受教育程度家长对教师师德行为表现中爱国守法的感知存在显著的差异（$P<0.01$），对廉洁自律和规范从教的感知存在非常显著的差异（$P<0.001$）。不同受教育程度的家长对教师师德行为表

[①] 在家长受教育情况的分布中，小学学历有23人、博士研究生学历9人，因数量过少，不作具体分析。

现中的传播正能量的感知存在差异（$P<0.05$）。不同受教育程度的家长对潜心育人、关爱学生、校园安全防范、言行处事四个方面师德行为表现的感知不存在差异（$P>0.05$）。就爱国守法维度看，接受过硕士研究生教育的家长对这一感知比较高，均值高达 4.93，其次是接受过大学本科教育的家长，以下依次为接受过大学专科、高中教育的家长，接受过初中教育的家长均值相对较低为 4.77。就廉洁自律、规范从教两个维度看，也均是接受过硕士研究生教育的家长对上述两项师德表现的感知比较高，分别为 4.91 和 4.89，并同样是按照受教育程度的高低呈现出相同的趋势，即受教育程度越高，对教师这两项的师德表现认同度越高。就传播正能量维度来看，接受过硕士研究生教育的家长对该项师德表现感知比较高，均值为 4.92，以下依次为接受过大学专科、大学本科、高中教育的家长，接受初中教育的家长对教师传播正能量师德表现的感知相对较低，均值为 4.75。

从不同受教育程度家长对教师师德行为各维度表现来看，接受过硕士研究生教育的家长对教师师德行为各维度表现感知比较高，均值为 4.86，其次是大学本科和大学专科，均值分别为 4.82 和 4.81，两者差距较小，接受过高中教育的家长对教师师德各维度表现感知均值为 4.75，接受过初中教育的家长对教师师德各维度表现感知相对较低，均值为 4.70。

从具体维度的教师师德表现的效果看，不同受教育程度的家长普遍对教师传播正能量的师德行为表现感知比较高，均值为 4.82，其次是爱国守法，均值为 4.80，言行处事均值为 4.76，潜心育人、校园安全防范、廉洁自律、规范从教均值均为 4.74，关爱学生相对较低，均值为 4.71。详见表 3-22。

表 3-22 不同受教育程度家长对教师师德行为表现感知的方差及均值比较

维度	初中	高中	大学专科	大学本科	硕士研究生	均值	F 值
爱国守法	4.77	4.79	4.85	4.87	4.93	4.80	3.095[**]
传播正能量	4.75	4.79	4.87	4.86	4.92	4.82	2.460[*]

续表

维度	初中	高中	大学专科	大学本科	硕士研究生	均值	F 值
潜心育人	4.70	4.75	4.81	4.76	4.80	4.74	1.258
关爱学生	4.66	4.71	4.78	4.76	4.80	4.71	1.776
校园安全防范	4.71	4.72	4.78	4.79	4.79	4.74	1.091
言行处事	4.72	4.73	4.80	4.78	4.85	4.76	1.442
廉洁自律	4.66	4.76	4.83	4.85	4.91	4.74	6.937[***]
规范从教	4.67	4.76	4.82	4.82	4.89	4.74	4.711[***]

（三）不同办学水平学校的家长对教师各维度师德行为表现的感知存在显著的差异

方差分析结果显示，不同办学水平学校的学生家长对教师爱国守法、传播正能量、潜心育人、关爱学生、校园安全防范、言行处事、廉洁自律、规范从教八个维度师德行为表现的感知存在非常显著的差异（$P<0.001$）。就爱国守法而言，认为办学水平处在高水平的家长，对教师爱国守法师德行为表现的感知较高，均值高达4.93，其次是相对高水平，均值为4.87，以下依次为中等办学水平和相对低水平，均值分别为4.78和4.70，认为办学水平处在低水平的家长，对教师爱国守法师德行为表现的感知相对偏低，均值为4.63。就传播正能量和廉洁自律而言，认为办学水平处在高水平的家长，同样对教师传播正能量和廉洁自律师德行为表现的感知较高，并呈现出对办学水平认知较低的家长感知到的师德行为表现也相对偏低的态势。就潜心育人、关爱学生、校园安全防范、言行处事和规范从教五个维度而言，认为办学水平处于高水平的家长，对教师上述师德行为表现的感知也是比较高的，以下依次为相对高水平和中等办学水平，但与爱国守法、传播正能量和廉洁自律不同的是，认为低水平办学条件的家长对师德行为表现的感知高于认为相对低水平的家长。

从不同办学水平学校的学生家长对教师师德行为各维度感知来看，

办学条件处在高水平的家长对教师师德行为各维度表现感知比较高，均值为4.90，其次是相对高水平，均值为4.83，中等办学水平均值为4.72，低水平均值为4.54，相对低水平均值较低为4.53，但低水平与相对低水平二者差距不大。

从具体维度的教师师德行为表现的效果看，不同办学水平学校的学生家长普遍对教师爱国守法的师德行为表现感知比较高，均值为4.78，其次是传播正能量，均值为4.76，廉洁自律均值为4.72，规范从教均值为4.70，校园安全防范和言行处事均值均为4.68，潜心育人均值为4.66，关爱学生相对较低，均值为4.64。详见表3-23。

表3-23 不同办学水平学校的学生家长对教师师德行为表现感知的方差及均值比较

维度	低水平	相对低水平	中等	相对高水平	高水平	均值	F值
爱国守法	4.63	4.70	4.78	4.87	4.93	4.78	8.964***
传播正能量	4.61	4.65	4.79	4.86	4.91	4.76	7.297***
潜心育人	4.47	4.41	4.69	4.82	4.89	4.66	17.675***
关爱学生	4.46	4.42	4.67	4.79	4.87	4.64	14.155***
校园安全防范	4.54	4.47	4.68	4.81	4.88	4.68	14.172***
言行处事	4.55	4.42	4.70	4.82	4.90	4.68	16.715***
廉洁自律	4.51	4.64	4.73	4.85	4.89	4.72	7.727***
规范从教	4.54	4.52	4.71	4.84	4.90	4.70	12.936***

（四）不同职业[1]的学生家长对教师各维度师德行为表现的感知除传播正能量不存在差异外，其他均存在不同程度的差异

方差分析结果显示，不同职业的学生家长对教师爱国守法、关爱学生、廉洁自律师德行为表现的感知存在差异（$P<0.05$），对潜心育人、校园安全防范、言行处事、规范从教存在显著差异（$P<0.01$），对传播

---

[1] 不同职业中有从事农林牧渔相关的职业和军人，但由于样本量分别为10人和2人，该两项职业不作具体差异比较。其他职业主要是无固定职业或无职业。

正能量不存在差异（$P>0.05$）。就爱国守法而言，生产操作人员对教师爱国守法的感知均值非常高，达到满分，其次是专业技术人员，均值为4.89，行政办事人员均值为4.86，单位负责人为4.82，其他职业者为4.81，服务人员均值相对偏低为4.78。就关爱学生而言，生产操作人员对此感知的均值比较高为4.93，其次为专业技术人员，均值为4.80，以下依次为单位负责人、行政办事人员、其他职业者、服务人员。就廉洁自律而言，专业技术人员均值相对较高为4.87，行政办事人员和单位负责人分别为4.84和4.83，以下依次为其他职业者、服务人员和生产操作人员。就潜心育人而言，生产操作人员对教师这一师德感知较高，均值为4.97，行政办事人员为4.82，专业技术人员和单位负责人分别为4.79和4.77，服务人员和其他职业者均值分别为4.73和4.72。就校园安全防范而言，生产操作人员均值较高为4.90，专业技术人员为4.83，行政办事人员为4.79，单位负责人为4.77，服务人员和其他职业者相对较低，分别为4.72和4.70。就言行处事而言，生产操作人员对此感知较高，均值为4.88，专业技术人员为4.83，单位负责人为4.80，行政办事人员为4.79，其他职业者为4.74，服务人员为4.72。就规范从教而言，专业技术人员感知较高，均值为4.87，单位负责人和行政办事人员均值均为4.81，其他职业者、生产操作人员、服务人员分别为4.74、4.73和4.72，三者相差较小。

从不同职业的学生家长对教师师德行为各维度感知来看，生产操作人员对教师师德行为各维度表现感知比较高，其次是专业技术人员，以下依次为行政办事人员、单位负责人，其他职业者和服务人员对教师师德行为各维度感知相对较低。

从具体维度的教师师德行为表现的效果看，不同职业的学生家长普遍对教师爱国守法和传播正能量的师德行为表现感知比较高，均值均为4.81，其次是廉洁自律均值为4.73，规范从教均值为4.70，校园安全防范均值为4.69，关爱学生均值为4.67，潜心育人和言行处事均值均为 4.66，相对较低。详见表 3-24。

表 3-24 不同职业的学生家长对教师师德表现感知的方差及均值比较

维度	单位负责人	专业技术人员	行政办事人员	服务人员	生产操作人员	其他	均值	F 值
爱国守法	4.82	4.89	4.86	4.78	5.00	4.81	4.81	2.224*
传播正能量	4.80	4.88	4.88	4.78	5.00	4.81	4.81	1.799
潜心育人	4.77	4.79	4.82	4.73	4.97	4.72	4.66	3.179**
关爱学生	4.77	4.80	4.76	4.68	4.93	4.71	4.67	2.166*
校园安全防范	4.77	4.83	4.79	4.72	4.90	4.70	4.69	2.901**
言行处事	4.80	4.83	4.79	4.72	4.88	4.74	4.66	3.180**
廉洁自律	4.83	4.87	4.84	4.73	4.67	4.75	4.73	2.513*
规范从教	4.81	4.87	4.81	4.72	4.73	4.74	4.70	3.345**

（五）不同位置学校的学生家长对教师各维度师德行为表现的感知存在不同程度的差异

方差分析结果显示，不同位置学校的学生家长对教师关爱学生、校园安全防范、言行处事、廉洁自律、规范从教五个维度师德行为表现的感知存在显著差异（$P<0.01$），对爱国守法、传播正能量、潜心育人三个维度师德行为表现的感知存在差异（$P<0.05$）。就关爱学生而言，城区学校的学生家长对此感知较高，均值为 4.76，乡村学校的学生家长紧随其后，均值为 4.74，城乡接合部学校的学生家长对此感知相对较低，仅为 4.61。就校园安全防范而言，城区学生家长均值较高为 4.78，乡村为 4.74，城乡接合部为 4.65。在言行处事方面，城区学校的学生家长感知均值较高为 4.79，其次为乡村家长，均值为 4.77，城区和乡村学校家长二者差距较小，城乡接合部家长相对偏低，均值为 4.66。在廉洁自律方面，城区学校的学生家长对此感知较好，均值为 4.82，乡村家长次之，均值为 4.77，城乡接合部家长相对偏低，均值为 4.67。在规范从教方面，城区学校的学生家长

均值较高为 4.81，乡村家长为 4.76，城乡接合部家长为 4.67。在爱国守法、传播正能量、潜心育人方面，均呈现出城区学校的学生家长对教师上述师德行为表现感知较好（均值分别达到 4.85、4.85 和 4.78），乡村学校的学生家长紧随其后，城乡接合部学校的学生家长感知相对偏低的态势。

从不同位置学校的学生家长对教师师德行为各维度感知来看，城区学校的学生家长对教师师德行为各维度表现感知比较高，其次是乡村学校的学生家长，城乡接合部学校的学生家长对教师师德行为各维度感知相对偏低。

从具体维度的教师师德行为表现的效果看，不同位置学校的学生家长普遍对教师爱国守法和传播正能量的师德行为表现感知比较高，均值均为 4.80，其次是潜心育人、廉洁自律和规范从教，均值均为 4.75，言行处事均值为 4.74。详见表 3-25。

表 3-25　不同位置学校的学生家长对教师师德表现感知的方差及均值比较

维度	乡村	城乡接合部	城区	均值	F 值
爱国守法	4.79	4.77	4.85	4.80	3.521*
传播正能量	4.81	4.76	4.85	4.80	3.020*
潜心育人	4.79	4.68	4.78	4.75	3.121*
关爱学生	4.74	4.61	4.76	4.71	6.354**
校园安全防范	4.74	4.65	4.78	4.73	5.027**
言行处事	4.77	4.66	4.79	4.74	5.875**
廉洁自律	4.77	4.67	4.82	4.75	6.310**
规范从教	4.76	4.67	4.81	4.75	6.020**

（六）不同学段、性别、年龄的学生家长对教师各维度师德行为表现的感知不存在差异

方差分析结果显示，不同学段、不同性别和不同年龄的学生家长对教师爱国守法、传播正能量、潜心育人、关爱学生、校园安全防范、言

行处事、廉洁自律、规范从教八个维度师德行为表现的感知不存在差异（$P>0.05$）。从具体维度的感知看，对教师爱国守法、传播正能量的师德行为表现的感知是相对比较好的，对关爱学生师德表现的感知是相对偏低的。

第四节
师德师风建设的回归分析

为了考察影响师德师风建设效果的因素所占比例大小，本书课题组基于调查数据开展了回归分析，重在考察师德师风制度建设与师德教育、师德宣传、师德考核、师德激励、师德监督和师德惩处之间是否存在统计学上的线性关系。本研究通过SPSS24.0开展了多重线性回归分析，通过Amos23.0构建了回归模型，开展了回归分析。

因变量Y=师德师风制度建设效果感知。

自变量X，总计6个自变量：

X_1=师德教育效果感知；

X_2=师德宣传效果感知；

X_3=师德考核效果感知；

X_4=师德激励效果感知；

X_5=师德监督效果感知；

X_6=师德惩处效果感知。

回归方程为：$Y=\beta+\beta_1(X_1)+\beta_2(X_2)+\beta_3(X_3)+\beta_4(X_4)+\beta_5(X_5)+\beta_6(X_6)$

通过Amos23.0，构建了回归模型并进行检验，如图3-1所示。

第三章 调查研究——北京市中小学师德师风制度建设现状调查

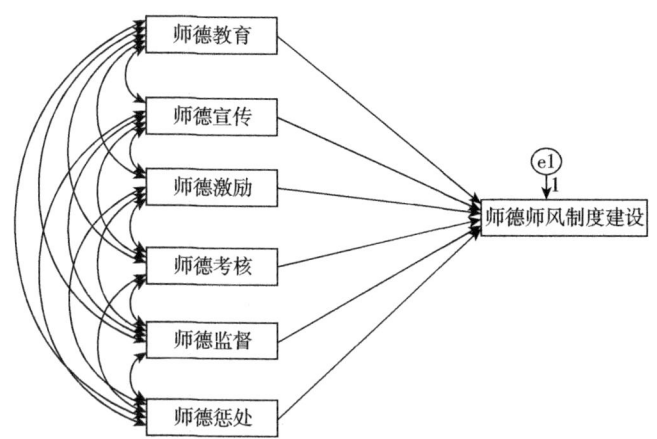

图 3-1 师德师风制度建设回归模型

一、模型的拟合度较好

基于模型汇总结果，显示了模型的拟合情况，复相关系数（R）为 0.719，决定系数 R^2（R Square）为 0.517，$0 \leq R^2 \leq 1$，说明自变量 X_1、X_2、X_3、X_4、X_5、X_6 能够解释因变量 Y 的百分比，其值越接近 1，说明模型对数据的拟合程度较好，本模型比例为 51.7%，表明师德师风建设效果的 51.7% 可由师德惩处、师德考核、师德教育、师德激励、师德宣传和师德监督来解释，说明该回归方程数据拟合的程度是比较好的。详见表 3-26。

表 3-26 模型汇总[①]

模型	R	R^2	调整后 R^2	标准估算的误差	显著性 F 变化量
1	0.719[②]	0.517	0.514	0.498	0.000

注：①因变量：师德师风制度建设；
②预测变量：(常量)、师德教育、师德宣传、师德激励、师德惩处、师德考核、师德监督。

方差分析给出回归模型拟合过程中每一步的方差分析结果，回归平方和为 280.947，残差平方和为 262.590，回归平方和大于残差平方和，说明线性模型解释了总平方和中的绝大部分，拟合效果较好。回归模型的 F 检验，$F=188.482$，$P=0.000<0.01$，按 $\alpha=0.05$ 水准，认为所拟合的回归方程具有统计学意义。详见表3-27。

表3-27 方差分析（ANOVA）[①]

模型		平方和	自由度	均方	F	显著性
1	回归	280.947	6	46.825	188.482	0.000[②]
	残差	262.590	1057	0.248		
	总计	543.537	1063			

注：①因变量：师德师风制度建设；
②预测变量：（常量）、师德惩处、师德考核、师德教育、师德激励、师德宣传、师德监督。

二、正态性检验

回归分析过程中绘制了标准残差的直方图，呈现正态分布曲线，如图3-2所示。

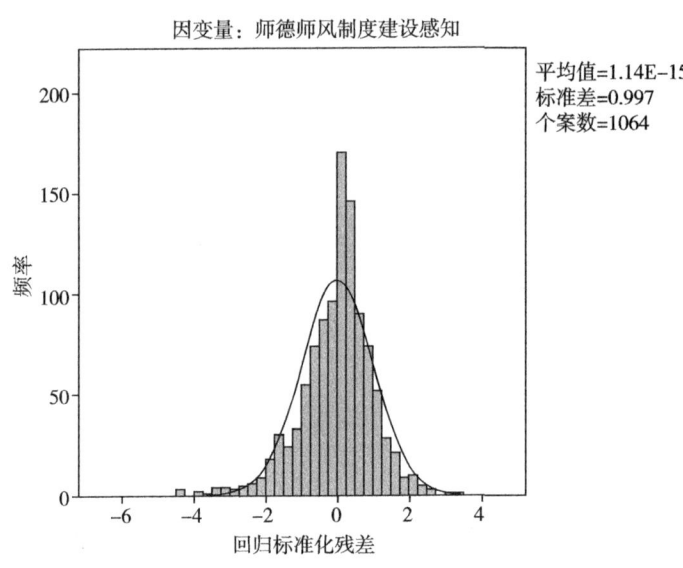

图3-2 回归标准化残差的直方图

回归标准化残差中,观测的累积概率呈线性正态分布,如图3-3所示。

这表明师德教育、师德宣传、师德激励、师德惩处、师德考核、师德监督与师德师风制度建设呈正态线性关系。

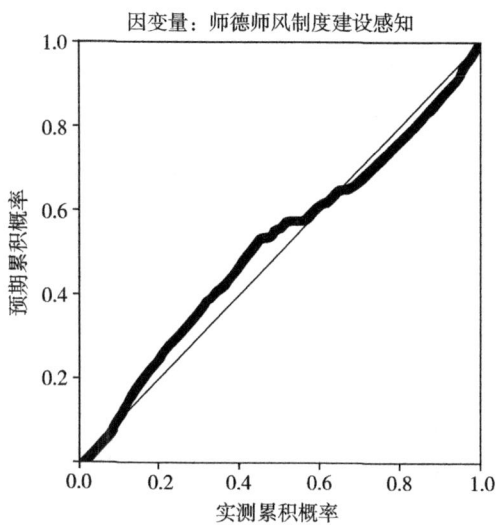

图3-3 回归标准化残差的正态 P-P 图

三、师德师风制度建设的影响因素

在对师德教育、师德宣传、师德考核、师德激励、师德监督、师德惩处系数 β 的 t 检验中,其 t 值分别为 8.069($P=0.000<0.001$)、5.877($P=0.000<0.001$)、2.128($P=0.034<0.05$)、3.431($P=0.001<0.01$)、5.406($P=0.000<0.001$)、4.066($P=0.000<0.001$),按 $\alpha=0.05$ 水准,认为师德师风制度建设的好坏与师德教育、师德宣传、师德考核、师德激励、师德监督、师德惩处有线性回归关系。师德教育、师德宣传、师德考核、师德激励、师德监督、师德惩处的回归系数均大于0,说明随着师德教育、师德宣传、师德考核、师德激励、师德监督、师德惩处效果的提升,师德师风制度建设水平也越高。标准系数 β 的绝对值越大,

说明相应的自变量对因变量的作用越大。本研究中，师德教育对师德师风制度建设效果影响最大，其次是师德宣传和师德监督，以下依次为师德惩处、师德激励，师德考核影响相对偏小。自变量师德教育、师德宣传、师德考核、师德激励、师德监督、师德惩处每改变1个标准差，因变量师德师风制度建设就分别改变0.227、0.188、0.058、0.104、0.186、0.132个标准差。详见表3-28。

表3-28 回归系数

模型		未标准化系数 B	标准误差	标准化系数 Beta	t	显著性
1	（常量）	0.157	0.137		1.144	0.253
	师德教育	0.288	0.036	0.227	8.069	0.000
	师德宣传	0.165	0.028	0.188	5.877	0.000
	师德考核	0.072	0.034	0.058	2.128	0.034
	师德激励	0.108	0.032	0.104	3.431	0.001
	师德监督	0.168	0.031	0.186	5.406	0.000
	师德惩处	0.148	0.036	0.132	4.066	0.000

基于回归分析，师德教育、师德宣传、师德激励、师德惩处、师德考核、师德监督各自变量之间协方差均大于0，P值均小于0.001，表明各变量之间呈现正向线性关系。15个相关系数中，除师德监督与师德惩处之间，有14个相关系数介于0.33与0.67之间❶，均处于中等程度相关，师德监督与师德惩处之间的相关系数大于0.67，处于高度相关。详见表3-29和图3-4。

---

❶ MARCOULIDES G A. Modern methods for business research [M]. London: Lawrence Erlbaum Associates Publisher, 1998: 323.

第三章 调查研究——北京市中小学师德师风制度建设现状调查

表 3-29 自变量回归分析及皮尔逊相关系数

路径关系	协方差	标准误	Z 值	P 值	相关系数
师德监督→师德惩处	0.354	0.019	18.657	***	0.698
师德考核→师德监督	0.238	0.016	15.036	***	0.520
师德激励→师德考核	0.169	0.013	12.788	***	0.426
师德宣传→师德激励	0.288	0.019	14.979	***	0.517
师德教育→师德宣传	0.255	0.016	15.863	***	0.557
师德考核→师德惩处	0.190	0.013	14.880	***	0.513
师德激励→师德惩处	0.266	0.016	16.889	***	0.606
师德宣传→师德惩处	0.298	0.018	16.223	***	0.574
师德教育→师德惩处	0.188	0.012	15.030	***	0.519
师德激励→师德监督	0.340	0.020	17.271	***	0.625
师德宣传→师德监督	0.417	0.024	17.748	***	0.649
师德教育→师德监督	0.224	0.015	14.616	***	0.502
师德教育→师德激励	0.217	0.014	15.922	***	0.560
师德宣传→师德考核	0.267	0.017	16.151	***	0.570
师德教育→师德考核	0.120	0.011	11.270	***	0.368

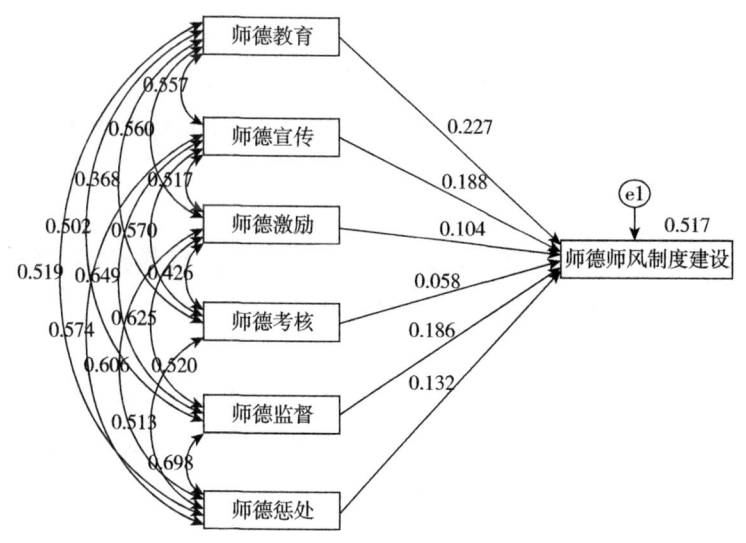

图 3-4 模型路径图与标准化估计值

第五节
结论

本研究依据教师问卷、学生问卷和家长问卷的调查分析结果得出相关结论。其中，教师问卷中主要考察教师对师德师风制度建设总体效果和师德教育、师德宣传、师德激励、师德惩处、师德考核、师德监督六个维度效果的感知，以及教师对自身和同侪在拥护贯彻教育方针和政策、履行教师职责、传播正能量、专研业务因材施教、关爱学生、保护学生、协同合作、公平公正、廉洁自律9个方面的师德行为表现；学生问卷中主要考察学生对教师在爱国守法、传播正能量、潜心育人、关爱学生、校园安全防范、言行处事得当、廉洁自律、规范从教八个维度22个指标中的师德行为表现感知；家长问卷中主要考察学生家长对教师在爱国守法、传播正能量、潜心育人、关爱学生、校园安全防范、言行处事得当、廉洁自律、规范从教八个维度24个指标中的师德行为表现感知。综合上述调查分析结果，结论如下。

一、师德师风建设的制度体系已经建立，且教师师德行为表现有所改善，学生和家长的认可度较高

78.2%的教师认为师德师风制度体系已经建立，且随着这一制度体系的建立，80.6%的教师认为师德师风有所改善。学生对教师师德八个维度行为表现的感知评价很高，尤其在教师爱国守法和廉洁自律的师德行为的表现中，高达96.6%的学生感知是好的。绝大部分学生家长对

教师师德师风建设是认同的，即 95.0% 的家长认为学校重视师德师风建设，93.0% 的家长对教师师德整体状况感到满意。

二、师德教育认同度最高，师德宣传认同度相对偏低

79.7% 的教师对师德师风建设的六个维度感知较好，其中，88.4% 的教师对师德教育的效果是认同的，82.0% 的教师认同当前的师德激励，80.0% 的教师认同当前的教师惩处，76.8% 的教师认同当前的师德考核，76.6% 的教师认同当前的师德监督，但对师德宣传的效果认同度为 73.8%，在六个维度中教师对其认同感最低。

教师对师德宣传的效果感知偏低表明师德宣传并没有达到教师的预期，这恰恰在家长的问卷调查中得到了印证。基于对家长获得优秀师德宣传的途径的多重响应的分析发现，家长获得优秀师德最多的途径是孩子，高达 43.4%，通过学校宣传获得优秀师德的途径达到 36.9%，而通过各类媒体获得优秀师德的途径仅占 17.7%，这表明通过学生和学校让社会了解典型师德案例，是弘扬优秀师德最好的途径。

三、师德教育在师德师风制度建设中作用最大，师德考核相对偏低

师德师风制度建设的六个维度均对师德师风整体改善起到重要作用，其中，师德教育的作用最为显著，占比达到 22.7%，其次为师德宣传和师德监督，占比分别达到 18.8% 和 18.6%，以下依次为师德惩处、师德激励，占比分别为 13.2% 和 10.4%，师德考核的占比仅为 5.8%。

四、家长对教师的道德性职业期待远高于教师自身的认知

87.2% 的教师认为教师是需要爱、奉献和具有道德性的职业，充分体现了绝大多数教师对自身职业的认识是有高度的，符合教师的职业特

征。但这同家长对教师职业的认知还是有一定差距的，家长对教师职业道德性和奉献性的期待更高，95.4%的家长认为教师首先是道德从业者，94.8%的家长认为教师职业需要一定的奉献精神。虽然教师职业本身的性质与家长期待不能完全等同，但缩小两者之间的差距，有利于家校之间更好地建立共情，进而促进学生更好地成长。

五、MY 区师德师风建设整体偏好，MT 区相对偏弱

从各区师德师风制度建设的整体效果看，无论是教师自身对师德师风制度建设的感知，还是学生和家长对教师师德行为表现的感知，MY 区整体效果较好。HD 区较为特殊，该区教师自身对师德师风制度建设的效果感知在五个区中是最低的，但该区学生对教师师德各维度的表现感知在五个区中却是最高的，家长对教师师德各维度的表现感知仅低于 MY 区。CY 区和 SY 区教师、学生和家长师德师风建设和师德行为表现的感知相对较为接近。MT 区总体相对偏低。

六、学校整体办学水平高低决定师德师风建设水平

学校整体办学水平的高低不仅表现在办学的硬件条件上，更多的潜在因素如办学理念、师资条件、制度管理、校园文化等是决定办学水平的核心要素。在对教师、学生、家长自我感知所在学校整体办学水平的调查过程中，调查结果显示，自我感知所在学校办学水平越好的学校，认为师德师风制度建设越好、教师师德行为表现越好的比例越高。如认为办学处于高水平学校中 83.9% 的教师感知师德师风制度建设较好，认为办学水平处于较高水平学校中 79.6% 的教师感知师德师风制度建设较好，并呈现依次下降趋势，认为办学水平处于低水平学校中 75.2% 的教师感知师德师风制度建设较好。学生在对教师师德表现感知的评价中，也呈现出办学处于高水平学校的学生对教师师德表现评价较好的比例较

高，办学处于低水平学校的学生对教师师德表现评价较好的比例相对较低的态势，这一比例从98.3%逐渐递减为89.6%。家长在对教师师德表现感知的评价中，也呈现出办学处于高水平学校的家长对教师师德表现评价较好的比例较高，办学处于低水平学校的家长对教师师德表现评价较好的比例相对较低的态势，这一比例从97.9%逐渐递减为90.8%。可见，学校办学水平的高低直接决定了师德师风制度建设水平。

七、城乡接合部学校师德师风建设整体水平低于城区和乡村学校

学校城乡差距在北京市依然存在，调查结果显示，无论是教师对师德师风制度建设的自我感知，还是学生和家长对教师师德表现的感知，均呈现出城乡接合部学校的师德师风建设相对较低的态势。如教师问卷调查分析结果发现，城区学校教师对师德师风制度建设认同的比例达到80.7%，乡村学校教师达到78.5%，城乡接合部学校教师为77.5%。学生问卷调查分析结果发现，城区学校学生对教师师德表现感知较好的比例为96.3%，乡村学校学生达到94.8%，城乡接合部学校学生为93.9%。家长问卷的调查分析结果显示，城区学校家长对教师师德表现感知较好的比例为96.1%，乡村学校家长也达到95.4%，城乡接合部学校家长为93.7%。

第四章

案例研究——
区、校师德师风建设典型案例

第一节
北京市 MT 区师德师风建设

截至 2020 年年末，MT 区有幼儿园教职工 1589 人，其中专任教师 989 人；小学教职工 1224 人，其中专任教师 1008 人；初中教职工 668 人，其中专任教师 502 人；普通高教职工 608 人，其中专任教师 477 人。❶

一、MT 区师德师风建设的制度设计

提高教育质量，高素质的教师队伍是保证。加强师德建设，提高教师思想道德素质，是教师队伍建设的首要内容。2016 年以来，为深入落实教育部和北京市有关中小学师德建设长效机制、中小学教师违反职业道德行为处理办法、严禁教师违规收受学生及家长礼品礼金等行为的规定、严禁中小学校和在职中小学教师有偿补课的规定等文件精神，MT 区结合本区的师德师风建设的实际情况，通过从加强区位设计到细化具体实施办法，再到推进学校落实，逐步建立起行之有效的师德师风建设机制。

（一）加强区位顶层设计

2016 年 10 月，依据教育部和北京市针对中小学师德师风建设的制度要求，以及结合本区域存在的少数教师职业理想信念模糊、教学态度

---

❶ 数据来源于该区 2020 年国民经济和社会发展统计公报。

不端正、违反教学纪律、以教谋私等师德失范现象和问题，MT区教委、区政府教育督导室印发了《关于建立健全MT区中小学师德建设长效机制的实施办法》，成为全区有效推进和落实师德师风建设的指导性制度安排。

1. 工作思路

以"办人民满意教育"为宗旨，以"学为人师、行为世范"为准则，以"爱岗敬业、教书育人、为人师表"为核心，建立健全教育、宣传、考核、监督与奖惩相结合的师德建设长效机制。用制度规范师德行为，强化师德教育，优化制度环境，弘扬高尚师德，力行师德规范。引导教师立德树人、为人师表、强化法律意识、做遵纪守法的模范。

2. 主要措施

第一，深化师德教育，引导教师树立远大职业理想。将师德教育作为重要内容贯穿于中小学教师培养培训全过程，各学校把师德教育作为教师全员培训的首要任务和重点内容。师德教育内容主要包括：学习时事政治、法律法规、教师职业道德规范、优秀教师先进事迹等。重点加强社会主义核心价值观教育，弘扬中华传统美德，把教师理想信念教育、职业道德教育、文明礼仪教育、法制教育、心理健康教育和民族团结教育纳入师德教育内容，通过举办职业道德论坛、师德报告会、师德演讲比赛、实践反思、师德典型案例评析、情景教学等多种师德教育形式，把教师职业道德列为新教师入职培训和职后培养的重要环节。把教书育人楷模、一线优秀教师等请进课堂，用优秀教师的感人事迹诠释师德内涵。

第二，加强师德宣传，努力营造尊师重教的氛围。坚持师德宣传制度化、常态化，将师德宣传作为宣传思想工作的重要组成部分，列入中小学校工作重点。有效宣传教育法律法规和文件中有关师德的要求，宣传普及《新时代中小学教师职业行为十项准则》，大力宣传教师的地位和作用，使全社会广泛了解教师工作的重要性和特殊性。挖掘和提炼优秀教师为人为学为师的典型经验和感人事迹，通过师德征文、寻找身边的好老师、师德先进报告等活动，宣传报道献身教育事业并作出突出贡献的优秀教师，充分展现当代教师的精神风貌。通过新闻媒体，大力宣传优秀教师的先进事迹，在全社会树立教师的良好形象，努力营造尊师重教的良好舆论环境和社会氛围。组织学生经常开展尊师重教的活动，增强教师对职业的归属感和自豪感。

第三，严格师德考核，强化教师自觉加强师德修养。各学校要切实抓好师德建设管理工作，严格师德考评制度，制定师德考核办法和实施细则，成立师德考核领导小组，把师德考核作为教师年度考核的核心内容。坚持公平、公正、公开的原则，采取教师自评、家长和学生参与测评、同事互评、单位考评等多种方式进行，及时表彰师德行为表现优秀的个人。

第四，突出师德奖励，形成重德养德良好风气。定期评选师德建设先进集体和师德标兵，每年评选一次"优秀教师""优秀教育工作者""魅力教师"和"卓越团队"，并进行广泛宣传，树立典型，塑造教师师德形象，把师德表现作为各级教师表彰奖励的必要条件。在同等条件下，师德表现突出的，在评优评先、职务晋升、年度考核、特级教师、学科教学带头人和骨干教师评选等方面优先考虑。

第五，强化师德监督，有效防止失德行为。贯彻落实中小学教师职业道德规范、违反职业道德行为处理办法、公民道德建设实施纲要等文件精神，各学校每学期至少组织一次"开门评教"活动，聘请师德建设社会监督员，对学校师德师风等进行社会监督。建立健全师德建设年度评议制度，每学年对学校的师德建设情况进行评议，充分发挥教职工代表大会、工会等在师德评议中的作用。建立健全师德重大问题报告制度，通过工作专项督导调研的方式，要求每所学校开展有偿补课自查，每名教师对照师德规范每学期进行一次自查，学校每学期向教委上报一次书面自查报告。对于重大问题应及时向上级主管部门报告、及时处理，学校主要负责人为第一责任人。建立健全区、校两级师德舆情快速反应机制，学校建立师德投诉举报平台，及时掌握师德信息动态，发现并纠正不良倾向和问题，努力将各类违反师德的行为消除在萌芽状态。遇到影响较大的突发性师德违规事件，要及时调查、处置，及时与宣传部门和新闻媒体加强沟通，确保应急处置工作有力、有序、有效开展。建立健全师德建设工作的督导评价制度，将中小学师德建设工作纳入中小学校全面实施素质教育工作督导评价范围，不断加大督导评估力度，定期发布督导报告。

第六，狠抓师德惩处，发挥制度规范约束作用。建立健全违反师德行为的惩处制度。对于违反师德的行为，要发现一起，查处一起。组织师德专家和有关人员进行调查取证，听取陈述。对于事实确凿，存在违反规定的失范行为的教师，视情节轻重分别给予警告、记过、降低专业技术职务等级、撤销专业技术职务或者行政职务一定期限、开除或者解除聘用合同不同等级的处分。教师受处分期间暂缓教师资格定期注册。教师受降低专业技术职务等级处分期间不能申报高一级专业技术职务。教师受撤销专业技术职务处分期间不能重新申报专业技术职务。对涉及违法犯罪的要及时移交司法机关。建立师德问题一票否决制。对师德建设评估不合格的学校，要限期整改，整改后仍无起色或效果不明显的，要予以通报，并调整其领导班子。对于师德建设抓得不力，导致师德师风不正，一年内多次发生重大事件并造成严重后果的，追究单位主要负责人的责任。

第七，明确责任主体，加强对师德建设的领导。中小学是师德建设的主阵地，校长是师德师风建设的第一责任人。建立一岗双责的责任追究制度，对教师严重违反师德行为监管不力、拒不处分、拖延处分或推诿隐瞒，造成不良影响或严重后果的，要追究相关人员责任。

第八，完善保障体系，提高师德建设工作水平。完善教师准入制度，把好入职教师师德关。激发中小学教师加强师德建设的自觉性，发扬主人翁精神，自觉捍卫职业尊严，珍惜教师声誉，提升师德境界。关爱、尊重每一位教师，采取有效措施，促进教师的专业发展。切实改善教师的学习、生活和工作条件，为教师教书育人、履行职责和专业发展搭设更加多元的平台，创造更加和谐的环境。依法建立健全教师权益保护机制，维护教师合法权益，充分保障教师的知情权、参与权、表达权和监督权，保护教师正当的申辩、申诉权利。

（二）细化制度细则

为全面落实MT区师德师风建设长效机制，2018年11月，区教委印发《MT区教师师德考核办法（试行）》，细化了教师师德考核方式等具体内容。明确了师德考核采取教师自评、民主评议、服务对象评议和考核工作小组评议相结合的程序，并依据《MT区教师师德考核评分标准》（以下简称《评分标准》）确定分数和优秀、良好、合格、不合格等次，将考核结果应用于职务晋升、职称评审、岗位聘任、表彰奖励中。《评分标准》中的考核项目主要包含：忠诚教育事业，树职业形象（16分）；坚定理想信念，树师德榜样（10分）；注重个人修养，树良好品行（18分）；胸怀博爱之心，做良师益友（20分）；崇尚科学精神，做行业先锋（16分）；坚持廉洁从教，守职业规范（20分），并设定与其相对应的具体项目和分值，同时设立加分项和分值（每年加分值不超过5分）。

2021年5月，MT区教委依据北京市印发的中小学教师行为准则、师德考核办法、违反职业道德行为处理办法等文件要求，印发了《MT区教师职业行为规范》《MT区教师违反职业道德行为处理办法实施细则（试行）》，以规范教师职业行为，保障教师和中小学生的合法权益。

其强调教师应：忠诚教育事业，树职业形象；坚定理想信念，树师德榜样；注重个人修养，树良好品行；胸怀博爱之心，做良师益友；崇尚科学精神，做行业先锋；坚持廉洁从教，守职业规范。其细化了包含20项具体内容的教师师德负面清单。专门成立"MT区教师违反职业道德行为准则调查处理委员会"，负责监督、调查处理MT区教师违反职业道德行为。各单位和学校成立本单位教师违反职业道德行为准则调查处理工作小组，负责调查处理本单位教师违反职业道德的行为。从区到校细化具体职责和工作程序，明确要求坚持公平公正、教育与惩处相结合的原则，处理方式应当与其违反职业道德行为的性质、情节、危害程度相适应，并严格遵守事实清楚、证据确凿、定性准确、处理恰当、程序合法、手续完备等原则。细化处理方式和权限，处理方式包括警告和记过、降低岗位等级或撤职、开除、批评教育、诫勉谈话、责令检查、通报批评、调离教学岗位、停止教学活动等；处理权限则依据情节严重程度由本单位或区教委处置，有的需报区人力资源和社会保障局备案。对于教师不服处理决定的，可以向区调查处理委员会办公室申请复核，对复核结果不服的，可以向市教委或区人力资源和社会保障局提出申诉。加强各单位师德师风建设管理职责，对不履行或不正确履行职责的，视情节严重追究主要负责人、分管负责人和直接负责人的责任，切实做到层层压实。

（三）推进实践活动

根据北京市出台的《关于开展2018年"做新时代'四有'好老师和'四个引路人'"学习实践活动方案》，MT区委教工委、区教委、区政府教育督导室决定在全区教师中开展"做新时代'四有'好老师和'四个引路人'"学习实践活动，并制定包含主要任务完成时间表的具体实施方案。

主要任务包括四方面：一是进一步提高教师的思想政治素质；二是进一步梳理正确的教师职业理想；三是进一步提高教师的职业道德水平；四是进一步规范教师的教书育人行为。

主要内容包括六方面：一是通过学习教育、主题党日、学员讲台等活动加强教师党支部和党员队伍建设；二是通过学习相关法律、规范、开展教师沙龙等活动，提高教师的法律、责任意识，让高尚师德精神深入每一位教师的内心；三是通过学校为每位教师建立师德档案，加强师德教育过程性管理；四是通过开展师德大讨论、讲好师德故事、开展师德评选、寻找师德典范、开展师德宣讲、践行师德承诺等系列实践活动，发挥优秀典型引领作用；五是通过区教委制定师德考核办法、学校制定具体的实施细则，加强师德考核，促进教师自觉加强师德修养；六是通过加强社会对学校师德建设的监督，查处有偿补课、违规收受学生及家长礼品礼金等不良行为，建立健全师德建设年度评议制度、督导评价制度，切实落实相关政策要求。

二、MT 区师德师风建设调查分析

通过开展该区 283 名中小学教师、185 名中小学生、255 名中小学生家长三类问卷调查，师德师风建设情况得出如下结论。

（一）基本建立师德师风制度长效机制，家长满意度达到 90.0%

教师调查问卷显示，76.1% 的教师认为本区已经建立师德师风建设长效机制，且 76.3% 的教师认为师德师风有显著改善。但该两项值均低于全市平均水平。详见表 4-1。

表 4-1　师德师风建设教师评价情况

变量	个案数/人	最小值	最大值	区		市	
				平均值	比例/%	平均值	比例/%
师德师风长效机制已建立	283	1	5	3.81	76.1	3.91	78.2
师德师风改善显著	283	1	5	3.81	76.3	4.03	80.6

家长调查问卷显示，93.4%的学生家长认为本区注重师德师风建设，且90.0%的家长对教师的师德师风是满意的。但该两项值均低于全市平均水平。详见表4-2。

表 4-2　师德师风建设家长评价情况

变量	个案数/人	最小值	最大值	区		市	
				平均值	比例/%	平均值	比例/%
注重师德师风建设	255	1	5	4.67	93.4	4.75	95.0
师德师风满意度	255	1	5	4.50	90.0	4.60	92.0

（二）师德教育效果较为显著，师德激励、师德惩处效果相对较好

在以师德教育、师德宣传、师德考核、师德激励、师德监督和师德惩处为核心的师德师风长效机制建设中，本区87.6%的教师认为师德教育效果较好，在六个维度中均值最高。但除师德宣传与全市平均值持平外，其他五项值均低于全市平均水平。详见表4-3。

表 4-3　教师对师德师风建设六个维度评价情况

变量	个案数/人	最小值	最大值	区		市	
				平均值	比例/%	平均值	比例/%
师德教育	283	1	5	4.38	87.6	4.42	88.4
师德宣传	283	1	5	3.69	73.8	3.69	73.8
师德考核	283	1	5	3.44	68.7	3.84	76.8

续表

变量	个案数/人	最小值	最大值	区		市	
				平均值	比例/%	平均值	比例/%
师德激励	283	1	5	3.99	79.8	4.10	82.0
师德监督	283	1	5	3.77	75.3	3.83	76.6
师德惩处	283	1	5	3.98	79.6	4.02	80.4

教师普遍认为的师德教育效果较好源于师德教育已融入职前教育、入职培训和职后培训的各个环节，已成为教师教育的重要内容。如94.4%的教师在职前已经系统接受师德教育，94.0%的教师在入职时接受系统的师德教育，96.2%的教师在职后培训中系统接受师德教育，如图4-1所示。

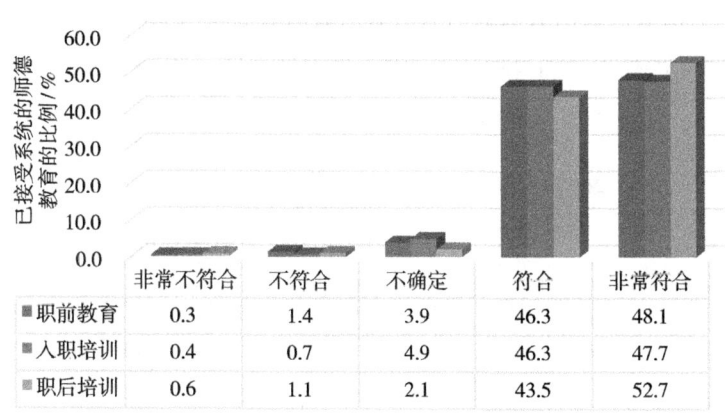

图4-1　教师对师德教育的评价情况

调查发现，88.7%的教师认为师德教育的较好效果还来源于师德教育的内容有针对性和时效性，这在很大程度上提高了师德教育的效果，也使得师德教育在整个师德师风建设中发挥有效关键性作用。

（三）家长、学生对教师职业道德表现认同度较高，均高于教师自身评价

师德师风建设长效机制是否建立及效果如何，最终是要经过教师自身、学生和家长认同的。在对上述三个群体的调查中，本区学生、家长对教师在爱国守法、传播正能量、潜心育人、关爱学生、安全防范、言行处事、廉洁自律、规范从教八个方面的职业道德规范认同均超过了90.0%，其中，学生对教师职业道德规范认同排名前三位的分别是廉洁自律96.0%、爱国守法95.8%、规范从教95.6%，家长对教师职业道德规范认同排名前三位的分别是爱国守法95.0%、传播正能量95.0%、潜心育人94.0%。教师对自身职业道德规范的评价均值均低于学生和家长的评价，这也表现出教师对自身职业道德规范的要求相对较高。教师对自身职业道德规范认同排名前三位的分别是传播正能量92.1%、爱国守法91.9%、关爱学生91.7%。详见表4-4。

表4-4 不同群体对教师职业道德规范评价情况

项目			爱国守法	传播正能量	潜心育人	关爱学生	安全防范	言行处事	廉洁自律	规范从教
教师 （N=283） （N=1064）	区	均值	4.60	4.60	4.54	4.58	4.43	4.52	4.56	4.42
		比例/%	91.9	92.1	90.8	91.7	88.6	90.4	91.2	88.4
	市	均值	4.65	4.66	4.61	4.66	4.53	4.61	4.63	4.50
		比例/%	93.0	93.3	92.1	93.2	90.7	92.3	92.6	90.1
学生 （N=185） （N=1076）	区	均值	4.79	4.60	4.74	4.65	4.73	4.74	4.80	4.78
		比例/%	95.8	92.0	94.8	93.0	94.6	94.8	96.0	95.6
	市	均值	4.83	4.72	4.79	4.74	4.79	4.81	4.83	4.82
		比例/%	96.6	94.4	95.8	94.8	95.8	96.2	96.6	96.4
家长 （N=255） （N=1200）	区	均值	4.75	4.75	4.70	4.63	4.68	4.69	4.69	4.68
		比例/%	95.0	95.0	94.0	92.6	93.6	93.8	93.8	93.7
	市	均值	4.83	4.83	4.76	4.77	4.74	4.76	4.80	4.78
		比例/%	96.6	96.6	95.2	95.4	94.8	95.2	96.0	95.6

（四）师德考核在一定程度上给教师带来了困扰，影响了教师对师德考核效果的认同

师德考核是师德师风制度机制建设的重要组成部分，但在六个维度的考察中，教师对师德考核效果的认同均值最低，有超过三成的教师对师德考核的效果并不认同（表4-3）。在进一步深入的分析后发现，尽管有76.7%的教师认为通过师德考核有利于教师自觉加强师德修养，80.9%的教师认为当前的师德考核符合教师职业性质，但师德考核还是给部分教师带来困扰，其中，17.3%的教师认为师德考核给他们带来很大困扰，19.8%的教师对这种困扰表现为犹豫状态，六成教师没有困扰。而且本区教师对师德考核效果的认同程度明显低于全市平均水平，比全市平均值低10.4%。

（五）教师关爱学生与学生、家长所感知到的教师关爱存在较大的差异

关心爱护学生是教师职业道德规范的重要内容之一。从总体上看，调查结果显示，91.7%的教师认为教师群体能够关心爱护学生，93.0%的学生和92.6%的家长认为得到教师的关爱。但在具体的比较中，教师与学生、家长对教师关爱的认知存在较大的差异。教师关爱学生在教师的自我评价感知中位居第三，且与前两位爱国守法、传播正能量差距较小，表明教师群体对自身所应具备的关爱学生的职业道德水平的感知是相对较好的。但在学生对教师关爱的感知中，排在倒数第二位，仅高于对教师传播正能量的感知；而家长对教师关爱自己孩子的感知更是排在最后，且均值明显低于其他变量。教师对学生关爱的倾力付出，学生和家长感知的相对较弱，意味着二者之间的一致性并不平衡，如何真正实现二者之间的一致，尚需不断努力探索，其根本在于"真心"。2018

年 11 月，教育部印发的《新时代中小学教师职业行为十项准则》中要求教师关心爱护学生的具体内容包含"严慈相济，诲人不倦，真心关爱学生，严格要求学生，做学生良师益友；不得歧视、侮辱学生，严禁虐待、伤害学生"，在关爱学生时着重强调了"真心"。

三、MT 区师德师风建设案例

（一）A 小学师德师风建设

A 小学是一所郊区学校，建校于 1954 年。到 2021 年，学校有 43 个教学班，学生 1664 人，教职工 121 人。多年来，学校全面贯彻党的教育方针，以立德树人为根本任务，以"做有修养受人尊敬的人"为学校核心教育价值观，打造以"智慧阅读"为核心的智慧教育办学特色，注重师德师风建设，不断提升办学品质，为学生幸福健康成长服务。

1. 师德师风建设的制度规章

为将师德师风建设有效落地，该小学依据《MT 区教师职业行为规范》《MT 区教师师德考核办法（试行）》，并结合学校实际情况，2018 年 6 月以来，先后制定了有关师德规范、师德考核实施方案、智慧教师评选方案、师德师风建设方案等规章。

（1）明确教师师德规范

学校要求，教师应以落实学校"做有修养受人尊敬的人"价值理念，落实学校努力打造以"智慧阅读"为核心的智慧教育为根本，努力践行并成为有道德，做学生遵规守纪的引路人；有责任，做学生锤炼品格的引路人；有修养，做学生健康成长的引路人，并细化到教师日常言谈举止、衣着、妆容、社会公德、个人私德等 21 项内容。

（2）强化师德考核

学校成立以党总支书记、校长为组长的师德考核工作组，负责学校师德考核工作公平、公正、公开、有序实施。教师师德考核分为日常考核和年度考核。日常考核：每学期进行一次。年度考核：每学年末开展一次，与教职工年度考核同时进行。采取教师自评、民主评议、家长评议和考核工作小组评议相结合的方法有序推进，分别按照20%、20%、20%、40%折算对被考核人员成绩进行汇总复查后，得出被考核人师德年度考核成绩。考核等次为优秀（90分及以上）、良好（70~89分）、合格（60~69分）、不合格（60分以下）四个等次。考核结果公示备案，并作为教师资格定期注册、职务晋升、职称评聘、绩效工资发放、评优评先等的重要依据。

（3）细化工作目标

学校按年度推进师德师风建设实施方案，2019—2020年度，以"和谐、健康、引领、卓越"为目标，围绕"做有修养受人尊敬的人"核心价值观，依托MT区"创城创未"的契机，注重"外力助推"和"引发内需"，增强党员的先锋意识，提升教职工的师德素养，提升教职工的文化品位，努力成为有修养受人尊敬的教师，助力学校以"智慧阅读"为核心的智慧教育特色形成。2020—2021年度，师德师风建设目标：讲政治有信念，做爱党爱国的引路人；讲道德有情操，做锤炼品格的引路人；讲奋斗有担当，做学习创新的引路人；讲品质有情趣，做健康生活的引路人。

2. 师德师风建设具体举措

（1）加强党员学习

组织学校党政干部参加区委教工委举办的"教育系统领导干部深刻领会习近平新时代中国特色社会主义思想和党的十九届五中全会精神专题研讨班"，每人上交学习体会。各党支部书记面向党员讲党课，开展党小组学习交流，参观香山革命纪念馆，使党员干部思想政治理论又进行了一次洗礼，坚定信心为办好人民满意的教育奋进新时代。

通过行政例会，加强党政干部政治理论学习。学习《习近平谈治国理政》第三卷原文，通过交流研讨，提高党政管理干部的政治思想站位，提高语言表达和文稿撰写的政治理论高度，达到政治思想高度与教育管理行为统一。

进一步发挥党支部"三会一课"政治思想建设最基础的功能，着力指导党支部书记的党课（设计环节、讲的内容、氛围创设），让党员明确初心使命和"四个意识""四个自信""两个维护"的内容，立足本岗有效落实。

依托"学习强国"App开展党员自主学习，通过阅读文章、观看视频、智能答题、每周一答、专题考试、发表观点、收藏等方式获得学习积分，提高政治理论素养。

开展积极分子、青年教师思想政治教育，纳入"青檬工作坊"，让青年教师在智慧课堂业务素养提高的同时，有思想上积极进取的愿望、有为学校为老师为学生服务奉献的热情、有青春奋斗坚定的信仰。

（2）提升教师师德素养

用习近平总书记提出的"四有"好老师标准不断要求教师，有理想信念、有道德情操、有扎实知识、有仁爱之心，努力提高自身的师德素养。

开展课堂教学研究、特色党日参观、改革开放40周年展览等社会参观实践活动，努力成为学生锤炼品格、学习知识、创新思维、奉献祖国的引路人。

依托"品阅驿站"提升教师文化品位。持续为教师搭建分享平台，分享积极向上的正能量，用现有资源让教师得到更有价值的发展。根据教师需求，外聘专家服务于教职工思维品质提升。

（3）倡导教师志愿服务

通过实施党员站好门口先锋岗、教师站好楼道责任岗、班主任做好安全教育，全校教职工共同为学生的安全保驾护航，共同打造平安和谐校园。

（4）注重学校特色与师德师风建设紧密结合

在学校特色工作"智慧阅读"课程建设中，学校以团队建设为核心，引领全体教师研究教材，研究必读（选读）书目，研究学生，编写阅读指导。每学期教师认真规划阅读欣赏课计划，培养学生爱阅读、会阅读的能力。学校的党务、工会、教师队伍师德师风建设与"智慧阅读"相结合。

学校成立"两室一坊"，激发教师的学习动力，提升课堂研究能力，保障教师专业发展的需求；开设"品悦驿站""阅读书社"，引领教师走近名家、赏析艺术、感受中华传统文化的魅力，提升文化品位和个人修养；组织教师参观文化科技园、名人故居、红色教育基地等，引领教师将阅读与生活相融合，促进良好师德形成；学校坚持开展"智慧教师""七彩先锋"评选活动，树立形象宣传典型，引领教师立足学生，聚焦"智慧阅读"研究，和谐健康发展。

学校引领全体教师学习《新时代中小学教师职业行为十项准则》《新时代幼儿园教师职业行为十项准则》《MT区师德禁忌》《MT教师师德负面清单》《MT区教师违反职业道德行为处理办法实施细则（试行）》等相关规章制度，进行依法治校培训，开展"阅初心悦践行""阅见最美的你"等师德研讨活动，不断完善师德考核评价制度，助力高尚师德的形成。

在"智慧阅读"课程研究中，教师们爱学生、爱学校。通过"智慧阅读"，教师将读书与教学、思考与实践有机结合。班主任通过对阅读与欣赏课程及班本阅读课程的研究，更深层次认识"智慧阅读"，提高自身业务水平。全体教师在开展课程文本阅读活动中，能够挖掘教学结合点，扩展自身教学思维，提高自身教学水平。教师们不断地在"智慧阅读"中积累着自己的知识,提升着自己的修养,抒发着自己的教育情怀。"智慧阅读"引领着教师爱岗敬业,不断地向前发展,和谐、健康、引领、卓越的队伍目标逐渐形成。

(5)加强警示,评选宣传优秀师德

反面警示:发现不妥的教育行为及时提示,节假日进行提示与自查,守底线不触红线。

正面宣传:身边的榜样微故事、智慧教师事迹宣传、微信公众号的及时宣传。

开展"读家书、传家训、正家风"主题教育,带头遵守家庭美德、职业道德、社会公德,提升道德涵养、精神动力、人文环境。

开展"第二届智慧教师""第七届七彩先锋"评选表彰事迹宣传,树典型带整体。

以"坚守教育初心、奋进使命担当、托举××小学希望"为主题,在第36个教师节,学生和青年教师伴随音乐《你笑起来真好看》向所有教师送祝福,表达教师的美丽源于内心幸福的笑。致敬退休教师:让欢乐平抚您脸上的皱纹,让健康挺直您弯曲的腰身,让平安陪着您一路前行,让关怀永远温暖您的心灵。慰问困难教师,形成尊师敬师的良好氛围。

3. 师德师风建设效果

通过近年来师德师风建设,学校风清气正,先后获得"全国精神文明建设工作先进单位""北京市艺术教育特色校""北京市教育科研先进单位""人民满意的十佳单位""首都文明校园"等荣誉称号。学校多次收到家长的感谢信、表扬信,收到锦旗数十面,得到社会广泛赞誉。学校以"智慧阅读"为核心的智慧教育文化体系已逐渐形成,该校全体师生将继续秉承"团结协作、无私奉献、永争第一"的学校精神,不断促进学生全面可持续发展,培养学生做有修养受人尊敬的人。在该校,每一个人都是主角，都有一份责任和使命；每一个生命都是可贵的，都值得尊重和保护；每一个人都不是孤立的存在，自身价值只有在与他人协作配合、共同担当中才更具有意义。

（二）B中学师德师风建设

B中学始建于1964年，2015年与某高校教育学部合作办学，并迁址MT龙门新区。学校有占地227平方米的开放性学生图书馆，有23 000本藏书及150 000本电子图书可供师生使用，信息发布系统覆盖班级、楼道、室外。学校秉承为每一名学生的终身发展奠基的理念，以人为本、尊重差异，不断唤醒潜能，追求卓越学校。学校以"大雁"精神为引领，"合力、和谐"的教师团队文化氛围浓厚，拥有一支爱岗敬业、素质精良的教师队伍，更有一支乐于奉献、勇于争先的党员队伍。到2021年，学校有教学班13个，学生357人；在岗教职工61人，其中党员36人（占59.02%）；高级教师22人，其中党员教师18人（占81.82%）。

1. 师德师风建设的制度安排

为大力推进教师职业道德建设，不断提高学校教师的师德师风水平和专业能力素养，根据《中华人民共和国教育法》《中华人民共和国教师法》《中华人民共和国未成年人保护法》和《公民道德建设实施纲要》，结合学校实际，2017年以来，学校以禁止有偿补课为先导，逐步建立起师德师风建设的长效机制。

（1）禁止有偿补课

2017年以来，学校依据教育部、北京市、MT区出台的严禁有偿补课的制度规章，先后制定了杜绝教师有偿补课管理制度、关于禁止有偿补课监督体系、治理教师有偿补课专项工作制度、治理教师有偿补课定期摸排和自查制度、治理教师有偿补课专项行动实施方案，系统规定了学校禁止、杜绝有偿补课和加强监督的管理体系。

第一，建立由校长任组长，由副校长、德育主任、教研组长、家长、学生共同组成的"学校有偿补课监督小组"，向广大师生传达政策精神，并设立举报电话，接受社会监督，建立专项举报登记制度。

第二，细化严禁有偿补课具体内容和方式方法。坚决杜绝学校教师乱办班、乱补课行为；学校和教师签订关于禁止在职教师有偿办班补课责任书；印发关于禁止教师有偿补课的致家长一封信；将禁止在职教师有偿办班补课纳入学校年度目标考核的内容，凡违反规定，情节严重，整改不力的，实行评优选先一票否决制。

第三，开展面向社会的摸排。学校每学期面向家长、学生、社会摸排一次。摸排内容包含：是否组织、要求学生参加有偿补课；是否参加中小学校与校外培训机构联合进行的有偿补课；是否为校外培训机构有偿补课提供教育教学设施或学生信息；是否有在职中小学教师组织、推荐和诱导学生参加校内外有偿补课；是否有在职中小学教师参加校外培训机构或由其他教师、家长、家长委员会等组织的有偿补课；是否有在职中小学教师为校外培训机构和他人介绍生源、提供相关信息。

第四，学校和教师开展自查自纠。学校定期组织领导小组人员对"乱办班、乱补课"加强检查，教师依据面向社会摸排的具体内容，随时开展自查。

第五，严肃处理。学校立足于加强教育，以自查自纠自改为重点环节，坚决查处有禁不止、顶风违规教师，对专项行动中发现的有偿补课的在职教师，视情节轻重，给予警告、记过、降低岗位等级直至开除处分。对自查自纠不认真、知情不报的相关责任人给予相应处分，并将自查阶段发现的问题或调查处理结果如实上报区教委。

（2）加强师德师风建设

细化职业道德规范。学校依据 MT 区中小学教师职业规范，进一步细化教师职业规范，确立了以政治思想规范、业务工作规范、教书育人规范、为人师表规范为主要内容的师德师风建设要求。其中，政治思想规范强调教师要有强烈的民族自尊心，热爱祖国；教师要认真贯彻党的教育方针，模范遵守国家的法律法规和学校的规章制度；教师要崇尚科学、反对迷信，自觉抵制不利于人才培养和科学发展的错误倾向。业务工作规范强调教师应勤于钻研业务，积极进取，不断提高业务水平，不仅要精通本专业及所任课程的学科内容，而且在专业知识的深度、广度和高度方面有所发展；教师应以学术大师和名师为楷模，具备良好的学术素养；治学严谨、科学民主，勇于探索、追求创新，孜孜不倦、精益求精，同时还应有不耻下问、虚心请教、深入实践的精神；教师应重视教育教学的研究，积极投入教育研究和教学改革，注意总结经验和把握规律，并及时将研究成果运用到教学中。教书育人规范强调教师应学习教育理论，掌握教育规律，遵循教学规律，在传授知识的同时，寓德育于教学之中，发展学生智力，培养学生能力；教师在教育教学工作中要关心爱护学生，既要对学生严格要求，不偏袒学生错误，又要尊重学生的人格和权利，不做有损学生身心健康的事情，成为学生的良师益友；教师应教导学生明确学习目的，端正学习态度，调动学生学习的积极性和主动性；教师在培养学生知识、能力、素质的过程中，注重学生的个性发展，根据青年学生的生理、心理和行为的特点，因材施教；教师必须廉洁从教，不得利用教师地位谋取个人利益；教师有责任在校内外按照学校的各项规章制度，自觉地对学生进行教育和管理。为人师表规范强调教师应以严谨的治学态度、高度的事业心和责任感来教育和影响学生；教师应具备良好的职业道德、个人生活道德和行为规范，并以自己认真的敬业精神、负责的工作态度、严谨的工作作风、高尚的道德行为等特有的人格魅力成为学生的楷模；在教学活动中，教师必须仪态端庄，衣饰整洁得体，举止文明大方，以自己的优良道德品行和形象熏陶感染学生；教师应时刻注意维护集体利益和形象，维护集体声誉和他人名誉，从自我做起，为学校的事业贡献力量；教师应增强团结意识，尊重同事，业务上互相学习，取长补短，互相借鉴，共同进步。

加强教师师德考核。学校依据 MT 区教师师德考核办法，结合学校实际，制定了教师师德考核实施方案，成立由校长任组长的考核小组，其职责为制定学校方案及指导方案实施，成立监督小组，其职责为监督师德考核全过程。依据区考核规定，细化学校考核方式和重点内容，分平时考核和年度考核，年度考核考核教师的综合表现，一般在每学年末开展一次，与教职工年度考核同时进行，主要是以平时考核为基础，按照考核方法和程序，确定教师本年度的师德考核等次。年度考核结果分为优秀、良好、合格和不合格四个等次。师德考核采取教师自评、民主评议、服务对象评议和考核工作小组评议相结合的方法，按考评分数确定等次。师德考核结果作为教师资格定期注册、职务晋升、职称评聘、绩效工资发放、评优评先的重要依据。

2. 师德师风建设具体举措

（1）持续加强师德学习

坚持开展师德学习，在持续开展学习的基础上，每年定期开展师德学习月活动。如 2020 年为了进一步加强教师自身职业道德建设，提高道德规范与职业素养，强化育人事业心和责任感，将师德内涵落实到工作和行动中，学校开展了"思想铸魂提升职业道德素养"师德加强月系列活动。首先，召开师德建设月启动大会，会上进行师德学习培训，希望所有教师加强师德修养，锤炼高尚品格，教书育人，努力做"四有"好老师。其次，学校组织全体教职工学习《新时代北京市中小学教师职业行为十项准则》《北京市中小学教师师德考核办法》等师德师风建设相关文件，并撰写体会，在线上进行交流，切实规范教师职业行为，明确职业底线。再次，学校德育副校长以"树立高尚师德严禁有偿补课"

为主题和学习《关于加强和改进新时代师德师风建设的意见》等师德学习培训活动，从师德师风建设的重要性和必要性对文件进行解读，并强调全体教职员工要坚决守牢师德师风底线，以高尚的人格教育影响广大学子，做好学生的"引路人"。在教职员工重温入党誓词后强调：全体教职员工要继续立足教育教学岗位，牢记师德第一标准，提高自身的思想政治素质和职业道德素养、乐教善教、甘守讲台、为党育人、为国育才。最后，全体教职员工在集中学习和自我学习的基础上，自我反省自我查摆，并在小组会上进行互评交流，最终达成共识：树立爱岗敬业、为人师表的良好教师形象，增强自身的责任感、使命感和荣誉感，规范职业行为，自觉做到知敬畏、存戒惧、守底线。本次师德加强月建设活动，进一步提高了全体教师的爱心意识和责任意识，激发了教师工作的信心和激情。

（2）强化师德承诺

学校每学年年初或师德加强月组织教师签订《教师遵守师德规范承诺书》，并开展师德宣誓活动。守住教师初心，严于律己，坚定教师教书育人的本质，引导教师自觉将师德规范转化为稳定的内在信念和行为品质，提高师德践行能力，不断提高教师的职业道德素养。

（3）宣传优秀师德

学校通过微信公众号、宣传栏等途径集中展示优秀教师典型事迹，大力宣传广大教师争做"四有"好老师、积极健康向上的新形象新风貌，让学生、家长，乃至全社会不断营造尊师重教和关心教师、理解教师、支持教师的新风尚新气象。

3. 师德师风建设的成效

通过近年来的不断努力，师德师风全面改善，学校教师精神十足，坚定了政治方向，能自觉爱国守法、传播优秀文化、潜心教书育人、关心爱护学生、加强安全防范、坚持言行雅正、秉持公平诚信、坚守廉洁自律、规范从教行为。学生、家长、社会对学校教师师德师风的认可度越来越高，每年都有教师被评为区级、校级师德标兵。

（三）C中学师德师风建设

C中学为北京市优质高中校，始建于1956年，是MT区第一所公立完全中学。学校坚持优质、特色、绿色、开放的发展理念，以立德树人为根本任务，以"为每一位学生的终身幸福奠基"为办学宗旨，秉承"修身、博学、求实、创新"的传统，努力提高师生个人素养，脚踏实地、积极探索、开拓进取，使教师们始终保持"奉献、科学、民主、务实"的工作态度，努力把每一个学生培养成具有"人文精神、自主意识、创新能力、幸福品格"的卓越公民。截至2021年6月，学校有40个教学班，其中，初中22个教学班，"1+3"学部、高中学部28个教学班；在校学生1240余名；正式在编教职工162人。

1. 师德师风建设的制度规章

（1）强化有偿补课治理

2017年，为切实落实北京市和MT区治理有偿补课的政策要求，规范中小学校办学行为，大力推进素质教育，切实减轻学生学业负担，纠正群众反映强烈的教育行风问题，该校相继发布了有偿补课治理计划、有偿补课处理办法，专门成立由校长任组长的"有偿补课专项治理工作领导小组"，具体负责专项治理活动的组织、协调工作，定期听取工作汇报，开展专项治理总结评估，针对治理中发现的问题，制定工作措施，严肃执纪问责，建立健全禁止学校和在职教师有偿补课的长效机制。下设由各年级和各学科组成的8个"有偿补课专项治理工作督查组"，建立有偿补课的监管制度，各督查小组在组长带领下开展有偿补课的自查、互查和督查。明确要求："督查组长对本组组员的有偿补课行为负具体责任。各督查小组要紧盯寒暑假、节假日、周末晚、考试前等重要时间节点,关注重点人群,突出重点区域,通过谈话了解、问卷调查、明察暗访等,及时深入了解有偿补课情况。"

为有效治理有偿补课,该校发布的有偿补课处理办法进一步细化了严禁教师有偿补课的具体内容:严禁中小学校组织、要求学生参加有偿补课;严禁中小学校与校外培训机构联合进行有偿补课;严禁中小学校为校外培训机构有偿补课提供教育教学设施或学生信息;严禁在职中小学教师组织、推荐和诱导学生参加校内外有偿补课;严禁在职中小学教师参加校外培训机构或由其他教师、家长、家长委员会等组织的有偿补课;严禁在职中小学教师为校外培训机构和他人介绍生源、提供相关信息。凡是有违反上述规定者,学校坚持贯彻师德一票否决制,将视情节严重程度依次给予批评教育、诫勉谈话、责令检查、待岗学习、开除等处罚,并追究学校领导责任及相关处室和年级组长的监管责任。

(2)加强师德评价

为了正确评价教职工在师德建设工作中的成绩和作用,激励督促教职工重视和加强师德师风建设,保证学校各项工作的顺利开展,并为年终考核奖惩、职称晋升、聘任等项工作提供依据,学校专门制定了师德评价方案,成立了由书记任组长的学校师德考核领导小组,面向全体教职工每年进行一次师德考核,考核结果分为优秀、良好、合格、不合格四个等次。明确了师德不合格教师的基本表现:如工作懒散,不负责任,无故拒绝接受学校安排的教育工作任务,对学生中出现的问题不闻不问、一推了之;歧视、辱骂、体罚或变相体罚学生,造成不良影响;举止粗俗,出言不逊,搬弄是非,闹不团结,在师生中造成恶劣影响;行为失检,在教育教学活动中存在有损师德要求的行为,违反区教委规定的"十不准"等。

2.落实师德师风建设的主要举措

各科室、年级把学习贯彻习近平总书记教师节重要讲话精神作为当前重要工作，将习近平总书记的节日问候与亲切关怀及时传达到教育教学一线，传达给每一个教职工，增强广大教职工的职业荣誉感，理解习近平总书记重要讲话精神，激发广大教职工干事创业的热情。

（1）持续系统学习习近平总书记"四有"好老师教育论述

学校持续组织全体教师深入学习习近平总书记"四有"好老师的重要讲话精神，争做党和人民满意的"有理想信念、有道德情操、有扎实学识、有仁爱之心"的"四有"好老师。在学习中不断强调用好课堂讲坛，用好校园阵地，使社会主义核心价值观润物细无声地浸润学生们的心田、转化为日常行为，增强学生的价值判断能力、价值选择能力、价值塑造能力，引领学生健康成长。

（2）开展主题活动

以召开学习会、座谈会、研讨会等形式，把学习贯彻讲话精神与教师自身实际相结合，与推进学校各项工作相结合，对照检查、自我剖析找差距，总结反思促提高。学校组织"争做'四有'好老师"演讲比赛、征文活动和经验交流。

（3）加强宣传

充分运用校报、广播台、校园网等各类校园媒体，通过开设教师师德师风建设专栏、专版等方式形成学习宣传习近平总书记"四有"好老师重要讲话精神的宣传氛围，让每一位教师充分了解师德师风建设的重要性，全体教师通过学习"四有"好老师的重要讲话精神，发现全校教师师德师风的传承与变化。

（4）总结上报材料

各科室、年级要在学习贯彻的基础上，及时总结好经验、好做法，并将学习贯彻情况形成书面材料，上交至学校活动办公室。学校依据上报的资料，系统梳理、总结全校师德师风建设的优秀案例，为进一步完善学校师德师风建设的制度规章打下基础，进而形成学校师德师风建设的长效机制。

3.师德师风建设的主要成效

经过近几年的不懈努力，教师在面向不同学生时能普遍做到公平公正、言语得当。尤其利用特别开展的校园欺凌专项治理活动，积极组织教师培训，提高认识，提升预防校园欺凌的专业素养、职业道德素养，增强教职工反欺凌意识，提高应急反应能力，有效提升了教师、学校与学生、家长的和谐关系。学校教师师德师风普遍得到家长和社会的认同。

第二节
北京市 MY 区师德师风建设

MY 区位于北京市东北部，区域面积 2229 平方千米，辖 17 个镇、2 个街道办事处、1 个地区办事处，常住人口 52.8 万人。截至 2021 年年底，全区共有普通中小学 63 所（小学 40 所、中学 21 所、九年一贯制 2 所），在校生 38 710 人（小学 22 801 人、中学 15 909 人）；幼儿园 77 所（教育部门办 51 所、集体办 2 所、地方企业办 4 所、民办 20 所），在园幼儿 14 686 人；特教学校 1 所，在校生 146 人；职业学校 1 所，在校生 443 人。共有在职教职工 5836 人，其中，专任教师约占 78%。MY 区全面贯彻党的教育方针，落实立德树人根本任务，深化教育领域综合改革，全力建设优秀教育工作者培育等"五个典范"，构建与经济社会发展相适应的高质量教育体系，着力打造理念先进、惠及人人、特色鲜明、富有活力的首都教育强区。

一、MY 区师德师风建设的制度规章

（一）系统规划师德建设五年行动计划

2016 年 9 月，为贯彻落实党的十八大以来教育部和北京市加强和改进师德建设的意见要求，MY 区委教工委、区教委、区教育工会印发《MY 区中小学师德建设五年行动计划（2016—2020 年）》，明确提出：2016—2020 年，全区中小学师德建设工作将围绕"规范从教行为，提升服务质量，塑造高尚师德"这一主题，主要抓好提高思想素质、坚定政治方向，树立职业理想、增强服务意识，提升职业道德、规范从教行为，建立长效机制、深化师德建设四个方面内容，尤其在提升职业道德、规范从教行为中进一步详细要求教师依法执教、增强法治观念，为人师表、展示良好形象，立德树人、彰显教育智慧，强化学习、助推专业成长。在建立长效机制中，明确要求建立健全教育、宣传、考核、监督与奖惩相结合的师德建设长效机制，其中，在教育上着重强调加强对新任教师职业理想、职业道德、法治教育、心理健康和教师礼仪知识的学习与教育；在宣传上强调加大师德师风建设工作成果和优秀师德典型的先进事迹宣传；在表彰上强调加强师德先进集体和个人共同表彰；在评议上强调将学生满意、家长满意、社会满意作为衡量师德建设活动成效的根本标准；在监督上强调不断完善学生、家长和社会参与的师德监督机制。最终实现"四新"目标，即教职工精神状态有新焕发、形象作风有新转变、服务社会和服务学生的能力有新提升、人民群众对教育的整体满意度有新突破。

（二）全面治理有偿补课

2017 年 5 月 6 日，MY 区委教工委、区教委、区政府教育督导室印

第四章 案例研究——区、校师德师风建设典型案例

发《MY区加强中小学校和在职中小学教师有偿补课长效治理工作实施意见》，提出长效治理有偿补课工作目标：坚持长效治理群众反映强烈的教育行风问题，坚决遏制中小学校和在职中小学教师有偿补课等不正之风，坚决查处影响教育行风的违规违纪行为，坚决治理校内外违反招生考试制度、扰乱升学与教育秩序的现象，营造良好的教育生态环境，助力学生成长成才。

确定包含严禁和严肃处理七项有偿补课的工作内容。具体任务包括：一是完善举报监督机制，设立区级举报电话、举报网络平台、微信公众号，各中小学校设置监督举报渠道，并将市、区、校监督举报渠道告知每位师生和家长，畅通举报渠道，常态接受社会监督，发现一起，查处一起，对典型案例予以曝光。二是构建校内治理监督网络，各中小学校切实强化内部管理，坚决杜绝学校组织或参与有偿补课行为。采取校班子成员包年级组、包重点教师、签订承诺书、明察暗访等多种方式，层层抓落实，一级对一级负责，形成连带制约关系，有效防范有偿补课行为。通过加强中小学校教师聘用管理，将在职教师是否组织或参与有偿补课，作为年度考核、职称评审、岗位聘用、实施奖惩的重要依据，完善相应的处理办法，从学校内部切断校外有偿补课来源。三是加强师德师风建设，加强职业道德规范学习，通过主题演讲、征文比赛、师德报告会等，加强师德教育，引导广大教师践行社会主义核心价值观，进一步明确职业操守、师德底线，自觉远离有偿补课。四是建立区、校专项检查督查机制，区教委、区政府教育督导室将治理有偿补课纳入年度工作重点，每年开展专项检查，将有偿补课检查纳入教育收费检查、审计监督和专项督导等工作内容之中，专职督学做好日常监督检查。采取明察暗访、与学生和教师座谈、通过教育系统政风行风监督员进行监督等形式，进行广泛调查。强化对信访举报的督查，严格执行有报必查制度，对存在的问题，及时督促学校和相关部门查实处理。各中

小学校建立常态自查机制，通过自查，及时发现处理各类有偿补课问题。五是建立责任追究机制，按照"谁主管、谁负责"的原则，区教委是责任主体，中小学校长、书记是治理有偿补课的第一责任人，全面落实相关管理责任。对监管不力、社会反响强烈的学校，追究学校负责人的责任。六是开展教育联合执法，建立区教育、工商、公安、民政、城管、税务等部门校外有偿补课联合执法机制，定期开展联合检查、抽查，净化校外培训环境。对无证机构依法取缔，对非法广告和欺诈广告进行全面清理，对违法违规的校外培训机构依法依规进行查处，并及时公布执法检查结果。七是建立工作报告和通报机制，各中小学校每学期（6月30日和11月30日前）分别向区教委报告相关制度规定落实执行情况和校外有偿补课自查结果。区教委每年12月15日前，向区政府教育督导室提交辖区学段落实和自查情况报告，区政府教育督导室汇总全区情况，向市教委相关处室报告工作开展情况，对发现并查实的违规违纪问题要及时上报。

（三）深化教师师德考核

为有效推进师德师风建设，切实提高教师职业道德水平，2018年10月，MY区教委印发《北京市MY区教育委员会教师师德考核办法》，考核内容主要包括爱国守法、热爱教育、关爱学生、为人师表、团结协作、终身学习六方面内容。通过教师互评、服务对象（学生、家长）评议、单位评议对教师师德进行量化打分。量化赋分中，按不同年级配置权重，如小学一至四年级、幼儿园：教师互评占30%、家长评议占20%、学校评议占50%；小学五至六年级、中学：教师互评占20%、学生评议占20%、家长评议占20%、学校评议占40%。师德评议结果分为优秀、合格、不合格三个等次。实行师德考核一票否决，师德考核不合格的教师，年度工作考核定为不合格，当年暂缓教师资格定期注册，取消评优、评先、评职资格，并视情节严重程度予以低聘或转岗到其他岗位。细化教师师德教师互评用表、教师师德学生评议用表、教师师德家长评议用表、教师师德学校评议用表，建立起可操作、可量化的师德考核机制。

（四）细化教师职业行为规范和师德失范处理实施细则

为贯彻落实教育部和北京市健全师德建设机制、完善师德规范要求，2019年6月，MY区委教工委、区教委印发《新时代MY区教师职业行为规范》《北京市MY区教师失范行为处理实施细则》《新时代MY区教师师德负面清单》，要求教育系统内部各单位严格执行。

《新时代MY区教师职业行为规范》基本包含了坚定政治方向、自觉爱国守法、传播优秀文化、潜心教书育人、关心爱护学生、加强安全防范、坚持言行雅正、秉持公平诚信、规范从教行为九方面内容。

《北京市MY区教师失范行为处理实施细则》首先细化了失范行为，主要包括：在教育教学、保教活动等活动中有违背党的路线方针政策的言行；损害国家、民族、人民利益，危害国家安全；扰乱社会治安，损害教师形象和学校声誉；违背社会公序良俗；传播邪教、封建迷信；在工作时间从事与工作无关事务，未经学校同意从事影响教育教学本职工作的兼职兼薪；违反教育规律、教学纪律，敷衍教学、超前教学，损害学生身心健康；歧视、侮辱、体罚和变相体罚学生，与学生发生不正当关系，打击、报复、虐待、猥亵、性骚扰、伤害学生；在教育教学活动中遇突发事件、学生面临危险时，不顾学生安危，擅离职守，自行逃离；在招生、考试、考核评价、岗位聘用、职称评聘、评奖评优中徇私舞弊、弄虚作假；在教研科研和教育培训中抄袭、剽窃、篡改侵吞他人学术成果，伪造学术经历，不正当署名；索要、收受学生、家长及其他利益相关者的礼品、礼金；向学生推销图书报刊、教辅材料、社会保险或利用家长资源谋取私利；组织、推荐和诱导学生参加校内外有偿补课或为校外培训机构和他人介绍生源、提供相关信息（上述内容也是《新时代MY区教师师德负面清单》规定内容）。其次明确了处理种类和权限，处分种类包括警告、记过、降低岗位等级、撤销专业技术职务、开除；处理形式包括批评教育、诫勉谈话、责令检查、通报批评、调离教学岗位，取消在评奖评优、职务晋升、职称评定、岗位聘用、工资晋级、申报人才计划等方面的资格；具体权限主要有学校建议、区教委决定、区人力资源和社会保障局备案等不同方式。再次以事实为依据，程序公平公正。最后明确处理结果适用范围。

（五）开展实践活动

为将制度要求切实落地落实，MY区以推进实践活动的方式予以实施。2018年，MY区实施关于开展"做新时代'四有'好老师和'四个引路人'"学习实践活动。一是实施以"标"树德行动，通过强化党的领导，扎实推进"两学一做"学习教育常态化制度化，深入开展"不忘初心、牢记使命"主题教育，引导党员牢固树立"四个意识"，自觉爱党护党为党，敬业修身，奉献社会，争做"四有"好老师和"四个引路人"的示范标杆。二是实施以"思"明德行动，以加强理想信念教育为核心，组织开展深入学习习近平总书记关于教育工作的重要论述，通过读、讲等多种形式深刻理解，自觉落实，坚定广大教师的理想信念，解决好世界观、人生观、价值观"总开关"问题。三是实施以"行"育德行动，分类分层研讨交流，开展征文、沙龙、论坛等系列活动讲好师德故事、评选表彰师德典型、宣传师德典型，利用教师节等重要时间节点，面向学生、家长、社会开展生动活泼、形式多样的师德宣传报道活动，营造良好的师德师风建设氛围。四是实施以"规"立德行动，切实强化师德考核，加强过程性评价，对师德高尚、爱岗敬业的优秀教师在奖励性绩效工资中予以体现。五是实施以"管"强德行动，开展师德建设督导，构建学校（园）、教师、学生、家长和社会广泛参与的"五位一体"师德监督体系，建立多种形式的师德投诉、举报平台。

2019年，MY区开展"不忘教育初心牢记时代使命"师德师风建设活动，按月推动师德师风建设。5月至6月开展自查自纠，从师德师风建设机制、教师思想政治素质、教师从教行为等方面深入开展师德师风问题自查自纠，查摆单位和个人在师德师风建设中存在的问题，区教委组织开展师德师风建设督导检查工作，对学校师德师风建设情况进行抽查。6月至7月深化提升师德师风建设，开展师德师风学习教育，学习相关政策法规、师德建设文件，学习全国优秀教师事迹、师德故事，实现榜样引领，规范教师从教行为；开展教师师德素养提升行动，充分利用各种教师资源，加强师德、优秀传统文化及社会主义核心价值观教育；开展分层分类研讨交流活动，围绕"不忘教育初心牢记时代使命"教育主题，深入开展分类分层研讨交流，通过单位中心组学习、教职工政治学习、党支部集体学习等途径，分析新时代师德师风建设的热点、难点问题；开展师德故事征文、演讲、论坛等系列活动。7月至9月通过评比，强化考核表彰，各单位成立师德考核领导小组，统筹师德考核工作；组织区级"师德标兵""师德先进个人"的推荐、区级"师德先进集体"申报工作，以评比活动为契机，形成比学赶帮的氛围；在教师节庆祝活动中，对评选出的"师德标兵""巾帼公德榜样""师德先进个人""师德先进集体"进行表彰。10月至12月通过榜样引领，总结固化师德师风建设机制，利用广播、电视、报纸、杂志、网络等媒介宣传MY区教师师德先进事迹，引导广大教师增加职业认同，争做学生锤炼品格、学习知识、创新思维、奉献祖国的引路人，营造尊师重教良好氛围；结合师德师风建设活动方案，对照师德师风建设目标，回顾2019年师德师风建设工作，完成师德师风建设工作年度总结；区教委统筹安排测评活动，开展师德师风建设效果测评。

二、MY 区师德师风建设情况调查分析

通过开展该区 285 名中小学教师、175 名中小学生、291 名中小学生家长三类问卷调查，师德师风建设情况得出如下结论。

（一）基本建立师德师风制度长效机制，家长满意度接近 95.0%

教师调查问卷显示，81.4% 的教师认为本区已经建立师德师风建设长效机制，且 85.0% 的教师认为师德师风有显著改善。该两项值均高于全市平均水平。详见表 4-5。

表 4-5　师德师风建设教师评价情况

变量	个案数/人	最小值	最大值	区		市	
				均值	比例/%	均值	比例/%
师德师风长效机制已建立	285	1	5	4.07	81.4	3.91	78.2
师德师风改善显著	285	2	5	4.25	85.0	4.03	80.6

家长调查数据显示，95.8% 的学生家长认为本区注重师德师风建设，且 93.6% 的家长对教师的师德师风是满意的。该两项值均高于全市平均水平。详见表 4-6。

表 4-6　师德师风建设家长评价情况

变量	个案数/人	最小值	最大值	区		市	
				平均值	比例/%	平均值	比例/%
注重师德师风建设	291	1	5	4.79	95.8	4.75	95.0
师德师风满意度	291	1	5	4.68	93.6	4.60	92.0

（二）师德教育效果最为显著，师德激励、师德惩处效果较好

在以师德教育、师德宣传、师德考核、师德激励、师德监督和师德惩处为核心的师德师风长效机制建设中，高达90.4%的教师认为师德教育效果较好，在六个维度中均值最高。其次是师德激励，84.6%的教师认为师德激励效果较好。接下来是师德惩处，82.2%的教师认为师德惩处效果较好。师德考核显著低于其他五项，均值仅为3.55，有近三成对师德考核不认同。除师德考核外，其他五项均值均高于全市平均水平。详见表4-7。

表4-7 教师对师德师风建设六个维度评价情况

变量	个案数/人	最小值	最大值	区		市	
				均值	比例/%	均值	比例/%
师德教育	285	2	5	4.52	90.4	4.42	88.4
师德宣传	285	1	5	3.87	77.4	3.69	73.8
师德考核	285	2	5	3.55	71.0	3.84	76.8
师德激励	285	1	5	4.23	84.6	4.10	82.0
师德监督	285	1	5	3.97	79.4	3.83	76.6
师德惩处	285	1	5	4.11	82.2	4.02	80.4

教师普遍认为的师德教育效果较好源于师德教育已融入职前教育、入职培训和职后培训的各个环节，成为教师教育的重要内容。如97.2%的教师在职前已经系统接受师德教育，97.2%的教师在入职时接受系统的师德教育，98.2%的教师在职后培训中系统接受师德教育，如图4-2所示。良好的师德教育为建立健全师德师风机制打下坚实基础。

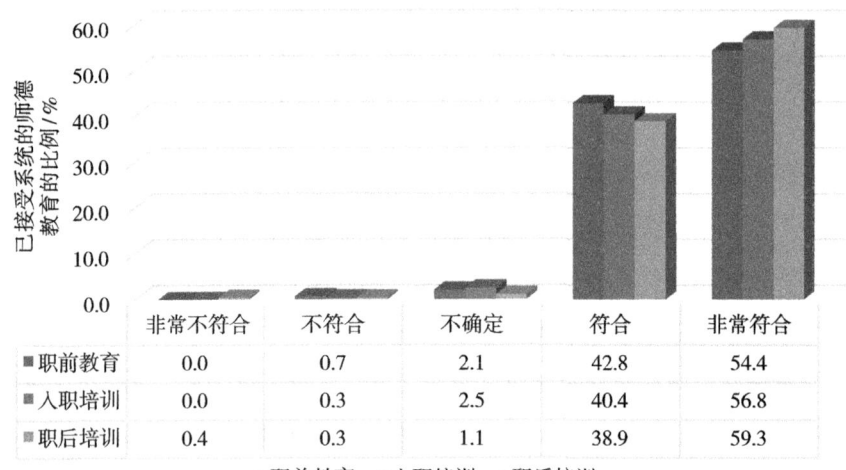

图 4-2 教师对师德教育的评价情况

调查发现，94.7%的教师认为师德教育的较好效果还来源于师德教育的内容有针对性和时效性，这在很大程度上提高了师德教育的效果，也使得师德教育在整个师德师风建设中发挥关键性作用。

（三）家长、学生对教师职业道德表现认同度较高，均高于教师自身评价

师德师风建设长效机制是否建立及效果如何，最终是要经过教师自身、学生和家长认同的。在对上述三个群体的调查中，本区学生、家长对教师在爱国守法、传播正能量、潜心育人、关爱学生、安全防范、言行处事、廉洁自律、规范从教八个方面的职业道德规范认同均超过了95.0%，尤其家长评价更是超过了96.0%。其中，学生对教师职业道德规范认同排名前三位的分别是规范从教97.6%、言行处事97.3%、爱国守法97.1%。家长对教师职业道德规范认同排名前三位的分别是传播正能量97.4%、爱国守法97.2%、潜心育人96.8%。教师对自身职业道德规范的评价均值均低于学生和家长的评价，这也表现出教师对自身

职业道德规范的要求相对较高。教师对自身职业道德规范认同排名前三位的分别是规范从教95.3%、爱国守法94.9%、关爱学生94.9%。详见表4-8。

表4-8 不同群体对教师职业道德表现评价情况

项目			爱国守法	传播正能量	潜心育人	关爱学生	安全防范	言行处事	廉洁自律	规范从教
教师 （N=285） （N=1064）	区	均值	4.74	4.74	4.69	4.74	4.62	4.71	4.66	4.76
		比例/%	94.9	94.8	93.8	94.9	92.4	94.2	93.1	95.3
	市	均值	4.65	4.66	4.61	4.66	4.53	4.61	4.63	4.50
		比例/%	93.0	93.3	92.1	93.2	90.7	92.3	92.6	90.1
学生 （N=175） （N=1076）	区	均值	4.85	4.75	4.82	4.77	4.84	4.86	4.85	4.88
		比例/%	97.1	95.0	96.4	95.4	96.8	97.3	97.0	97.6
	市	均值	4.83	4.72	4.79	4.74	4.79	4.81	4.83	4.82
		比例/%	96.6	94.4	95.8	94.8	95.8	96.2	96.6	96.4
家长 （N=291） （N=1200）	区	均值	4.86	4.87	4.84	4.81	4.83	4.83	4.83	4.83
		比例/%	97.2	97.4	96.8	96.2	96.6	96.6	96.6	96.6
	市	均值	4.83	4.83	4.76	4.77	4.74	4.76	4.8	4.78
		比例/%	96.6	96.6	95.2	95.4	94.8	95.2	96.0	95.6

三、MY区师德师风建设案例

（一）D中学师德师风建设

D中学始建于1978年，是MY城区一所普通初中学校（城乡一体化学校，曾经的农村学校），2012年纳入××大学附属中学教育集团。到2021年，学校有教学班24个，在校生756人，教职员工102人。学校在集团"建一所富有生命动力的幸福学校"的办学目标、"学生在成长中体验快乐、教师在成功中体验幸福"的办学理念、"感恩重责、阳光包容、博学笃行、健康雅趣"的育人目标指导下，在课程建设、校园文化建设、学生发展、教育教学质量和以狠抓师德师风促教师发展等方面都取得了显著的成效，正在为实现"建一所富有生命动力的幸福学校"这一目标阔步前行。

1. 建立"八严禁""十方略"师德师风建设的制度机制

（1）确立学校师德师风建设实施方案

细化师德规范。为进一步加强学校教师队伍建设，促进学校师德建设健康稳步发展，弘扬"学为人师、行为世范"的高尚品德和无私奉献精神，2019年，学校在遵循北京市和MY区有关加强师德师风建设的政策要求下，结合学校实际情况，发布师德师风建设实施方案，细化适合学校的政治思想规范、业务工作规范、教书育人规范、为人师表规范四方面内容，要求教师严格遵守，并通过开展主题教育的形式予以实施。

强化制度建设，把师德工作落到实处。建立健全以校长为首的师德建设领导机制，加强对师德工作的领导。健全师德评价机制，对教师不德，为师不良，造成了恶劣影响者进行严肃处理。建立健全教师师德档案，对教师的职业态度、职业技能、职业作风、职业纪律的考核情况，教师奖惩情况及时装入档案。开展教师宣誓与师德承诺。实行工作检查评比奖励制度，每周进行检查，每月进行一次小结。开展师德专题讲座，开展主题师德师风建设征文活动。依据市、区优秀师德评选要求制定适合学校的实施方案，如"巾帼公德榜样"评选方案中明确了评选条件和评选程序。广泛宣传师德典型，教师节开展师德先进事迹交流会。

加强师德师风考核。学校考核工作每年进行一次，由学校具体组织实施，具体办法采取在学生评、家长评、教师评、学校评等形式的基础上，综合各方面评价意见和教师本人教育教学业绩作出考核结论。考核内容包含依法执教、爱岗敬业、热爱学生、严谨治学、团结协作、尊重家长、廉洁从教、为人师表等方面。考核结果分为优秀、良好、合格、不合格四个等次。在教师评优评先、职务评聘、年度考核、晋级绩效、培训学习时,充分利用师德考核结果。对师德优秀者,在同等条件下优先,并提名"师德标兵"候选人。

(2)以学校发展"十方略"促进师德师风建设

学校加强党政工团干部建设,以此促进师德师风建设,形成全体教师共同发展合力。为此,学校专门发布《凝心聚力谋发展和谐实干促成功之方略》,具体要求:一是所有干部做事公正、敢于担当,工作细致耐心,能把利益让给教师。二是公平公正做好评职评先工作;优化绩效工资方案,多劳多得,优质优酬。三是信任所有教师,赏识教师,搭建平台促进老教师、中年教师、年轻教师的发展。四是充分发扬民主,畅通沟通渠道,教师对"三重一大"具有知情权、表决权。五是精简会议,不开长会,布置工作重点突出,具有可操作性,不布置与教学无关的重复性工作。六是改善教师工作环境,不断提高食堂质量,为教师工作生活提供便利。七是教师本人因病住院、生活上有困难及时看望并提供帮助;教师父母因病住院及时看望。八是为教师子女入园、入小学提供帮助;为教师子女提供中午用餐;为教师子女提供学习活动场所;教师子女参加中考、高考时提供帮助。九是工会每月集中一次给过生日的教师发放慰问品,举行小型庆祝活动。十是定期组织文体活动,愉悦教师身心;体育馆向教师本人及直系家属免费开放。

(3)明确教师行为规范"八严禁"

为加强学校教师管理,学校实施教师行为规范"八严禁"。一是严禁传播违背国家法律法规、教育方针和对学生有不良影响的言论。二是严禁在教育教学活动中遇突发事件时,不履行保护学生人身安全职责。三是严禁工作时间玩电子游戏、炒股、做微商、购物等。四是严禁体罚和变相体罚学生，侮辱、指责和训斥家长，不得有随意诋毁其他教师的行为，不得有对待学生不平等、不公正、讥讽、歧视、侮辱及其他有辱人格尊严的言行。五是严禁索要或者收受家长、学生财物。六是严禁随意停课、课堂上随意出入教室离开学生、随意让问题学生离开教室、随意在课堂上接打电话。七是严禁强制学生订购教辅资料、报刊等谋取个人利益。八是严禁组织、要求、诱导学生参加校外有偿补课，或者参与校外培训机构对学生有偿补课。

2. 师德师风建设的具体举措

（1）以"敬业、奉献、爱生"为主线，开展丰富多彩、符合实际、行之有效的主题教育

以"饮水思源、爱国荣校"为宗旨，以教师礼仪为重点，开展"三爱"教育活动，即爱学校（爱校如家）、爱岗位（爱岗敬业）、爱生（爱生如子）。

为树教师新形象，开展"四不三比"教育活动，即不体罚、不变相体罚学生，不收受学生或家长馈赠，不乱办班乱收费，不加重学生作业负担，比奉献树师德新风，比爱岗敬业关爱学生，比教学成果等。

（2）开展教师职业规范主题学习活动

贯彻国家《新时代中小学教师职业行为十项准则》，开展主题学习活动。以《新时代中小学教师职业行为十项准则》和市、区有关师德建设的精神为标准，以制度规范为手段，制定学习检查制度，利用周五学习《新时代中小学教师职业行为十项准则》《中华人民共和国未成年人保护法》等法律法规，开展党风廉政建设等。通过开展干部论坛、读书论坛定期开展相关学习。

（3）开展"先进教师""优秀教师""师德先进个人""巾帼公德榜样"等评比活动

学校要求教师使用文明用语，不得使用教师禁言忌语，在全校开展

不体罚学生、不讽刺挖苦学生教育活动，学期末评出关爱学生，不体罚、不讽刺、不挖苦学生的先进教师，从而提高教师师德素养，营造良好的教书育人环境。采取同行互评、家长、学生评议、领导小组评议的形式，树立师德典型，形成把学校当作自己的家来经营、把学生当作自己的孩子来爱的良好教风，营造讲正气、讲团结、讲奉献的良好氛围。利用教师节节点每年开展师德先进个人评选和表彰活动，鼓励激励教师，弘扬高尚师德。

区级师德先进个人

××老师在三尺讲台一站就是三十年。她用"爱"去读懂学生，她是孩子们的朋友，让孩子愿意向老师敞开心扉，乐意与老师交流。她把学生当作自己的孩子，时常把微笑绽放给孩子，把鼓励、赞赏传递给孩子，把关爱赠送给孩子，让每一个孩子都享受着教育的真爱，她让一些"带刺的花蕾"最终绽放了。她用"心"去努力工作，潜心钻研业务，注重学科之间的联系，了解教育教学的新理念、新技术、新方法，并在教学中不断加以实践和改进。每个教师节，学生们一条条问候的短信，一张张饱含谢意的精致卡片，一个个祝福的电话，让她的心里充满了骄傲与自豪。她在心底里默默发誓，不为别的，就为这些天真无邪的学生，也要把工作干好，不求轰轰烈烈，但求踏踏实实；不求涓滴相报，但求今生无悔。

3. 师德师风建设的成效

经过近几年的不懈努力，学校师德师风建设的长效机制基本建立，教师师德师风明显改善，学校每年利用市、区评选优秀师德个人的机会，完善学校师德评选方案，并在上报区优秀师德个人的基础上，评选校级优秀师德个人、巾帼标兵、优秀班主任等，以此鼓励、激励教师，并弘扬高尚师德。如 2018 年,学校 2 位教师被评为区级"巾帼公德榜样",15 位教师被评为校级"巾帼公德榜样"。2019 年 2 位教师,2020 年 2 位教师被评为区级师德优秀个人。每年教师节,学生、家长与教师共同庆祝教师节,尊师敬师信师的氛围已经建立。

(二)E 中学师德师风建设

每一所学校的兴衰都与其教师的职业道德水平息息相关。近年来,E 中学一直将学校的师德师风建设放在学校工作的首位。只有真正建立起一支师德高尚、作风精良、德才兼备的教师队伍,才能实现学校的健康和谐可持续发展。到 2021 年,学校有教职工 303 人,专任教师 239 人;获得全国先进工作者、全国模范教师等国家级荣誉 10 人次,获得北京市优秀教师、紫金杯优秀班主任等市级荣誉 13 人次;有教学班 63 个,在校生 2407 人。

1. 师德师风建设的制度规章

(1)制定师德建设五年行动计划

依据上级有关文件精神和学校发展目标,为切实加强教师职业道德建设,引领教师争做学生锤炼品格的引路人、学习知识的引路人、创新思维的引路人和奉献祖国的引路人,紧紧围绕全区中小学师德建设工作"规范从教行为,提升服务质量,塑造高尚师德"这一主题,学校于 2017 年 8 月通过《E 中学师德建设五年行动计划(2016—2020 年)》。该计划以落实 MY 区师德建设五年行动指导思想和主要目标为根本,明确三大主要任务:一是强化"育人为本"的教育理念,提升教师职业道德素养。主要涵盖坚持全员育人、全学科育人、全过程育人、全面育人,用良好的思想政治素质和一身正气影响、引领学生健康成长;强化课堂主渠道作用,把"育人为本"的理念融入每一节课当中;依法执教,打造一支学习型教师团队;继续开展"阳光教师"工程建设。二是以"立德树人"为根本,提升德育工作的针对性、实效性。通过调动班主任积极性,加强德育队伍尤其是班主任队伍的建设与管理,建立长效机制;注意总结并坚持成功经验,使德育工作在原有基础上得到发展,再上新台阶;大力开展德育工作行动研究;推进家、校、社协同育人;结合学生发展特点规划各年级的德育教育,实现德育工作实践化、课程化、系列化、课题化;以民族团结示范校为契机,不断加强民族团结教育。三是以课堂教学为主渠道,形成教师全面育人、学生全面发展的局面。对全体专任教师、备课组长、青年教师、骨干教师开展分层次、针对性强的培训,使学校教师教学观念走在时代前沿,教学水平得到提升;抓好学生"核心素养"的培养,突出价值观培养,通过宣传节俭养德教育,传递积极向上的正能量,做中华优秀传统文化的传承者;开展师德师风表彰评议活动,通过评选、表彰,树立一批师德高尚、爱岗敬业、业绩突出的优秀教师,充分发挥他们在师德师风建设中的示范引领作用。

(2)明确师德师风建设规章

细化违反职业道德规范处理办法。2017年1月,学校依据教育部《中小学教师违反职业道德行为处理办法》,结合学校实际情况,下发该校违反中小学教师职业道德规范行为处理办法,细化了与年终奖励和奖金相挂钩的违反职业道德行为处理细则。主要包括四个方面26项行为处理方法:一是针对工作作风散漫,出现上课迟到、早退、中途离岗、旷课、无教案上课、不批改作业等情况,经劝诫仍不改正等五项行为给予批评教育、诫勉谈话,一次性扣除学年奖金的10%,负相应经济责任。二是向学生和家长索要或变相索要财物的,给学校造成不良影响等六项行为给予"警告"处分,报教委批准,在受处分期间,不得聘用到高于现聘专业技术职务等级的岗位,年度考核不能确定优秀等次,扣除学年度奖金50%,并自行承担相应法律和经济责任。三是在教育教学中遇到突发事件不履行保护学生人身安全职责、学生身心受到伤害等六项行为给予"记过"处分，报教委批准，学年度考核不得确定基本合格以上等次，不得聘用到高于现聘专业技术职务等级的岗位，不享受学年奖。四是公开诋毁党和国家的方针政策，反对四项基本原则的，组织或者参加损害国家利益的集会、游行、示威活动等九项行为学校与当事人解除聘任合同，报教委批准并报人事科备案，当事人自负相关法律和经济责任。

细化教师师德考核实施细则。为切实贯彻北京市、MY 区教师师德考核办法，学校根据《北京市中小学教师师德考核办法》《MY 区教师师德考核办法》，并结合学校实际，于 2019 年 7 月下发该校教师师德考核实施方案，通过细化九个方面 19 个小项的教师师德评价表，开展教师师德评价考核，并通过师德考核结果统计表最终评价师德情况。

细化"师德先进个人"年度工作实施方案。2017—2020 年，学校每年依据相关要求和结合学校实际细化评选某年度"师德先进个人"工作实施方案。如 2017 年，评选重点侧重"不搞有偿家教，无违反法律法规和教师职业道德事件发生；教学成绩不低于应有位置"。2019 年，评选重点为"模范遵守国家法律法规和《新时代中小学教师职业行为十项准则》，充分发挥在培育和践行社会主义核心价值观中的示范引领作用，崇德修身，有扎实的学识，近两年无违反职业道德事件发生"。2020 年，评选重点为"政治立场坚定、自觉爱国守法、坚持为人师表、工作业绩突出，在抗击新冠疫情期间服务大局，听从安排，克服困难积极完成各项工作，表现突出"。明确推荐比例和数额、评选办法和程序及具体时间安排，建立有利于切实落实的实施办法。

第四章 案例研究——区、校师德师风建设典型案例

（3）细化落实"四有"好老师和"四个引路人"学习实践活动实施方案

为贯彻落实北京市和 MY 区做新时代"四有"好老师和"四个引路人"学习实践活动，学校结合实际于 2018 年 4 月下发该校开展"做新时代'四有'好老师和'四个引路人'"学习实践活动的实施办法，细化党建为首，开展师德规范学习，加强师德宣传，强化师德监督等途径，有效落实实践活动。

2. 师德师风建设的具体举措

（1）党政工齐抓共管，建立有效管理机制

加强领导，落实责任。首先，坚持党政工齐抓共管，每年都将师德师风建设纳入学校工作计划中。成立了以党总支书记、校长为组长，副校长、工会主席为副组长，各部门负责人为组员的师德师风工作领导小组，做到"一把手挂帅亲自抓，副职领导具体抓"，把责任目标落实到各有关岗位及责任人。其次，结合学校工作实际，制定了切实可行的师德师风工作实施方案，确定了具体的实施步骤及工作措施。同时，为推进各项工作措施的具体实施，按计划落实好每一项工作。最后，学校建立健全教职工代表大会制，实行党政一把手负责制，找准教师队伍建设的突破口和着力点，坚持发展抓公平、改革抓机制、整体抓质量、安全抓责任、保证抓党建，把师德师风建设工作记在心里、扛在肩上、抓在手中，摆上重要议事日程。每个学期党政工领导与教师代表一起，深入各个社区实地检查学校教职工是否存在有偿家教情况，以实际行动对教师的师德师风进行实际监督和检查。

（2）加强对全体教师的思想政治教育和师德规范教育，形成共同的价值观

学校每月召开两次全体教职工会议，对全体教师进行思想政治教

育和师德规范教育。组织教师深入学习《中华人民共和国教育法》《中华人民共和国教师法》《中小学教师职业道德规范（2008年修订）》《中小学教师违反职业道德行为处理办法（2018年修订）》《中共中央 国务院关于全面深化新时代教师队伍建设改革的意见》《新时代中小学教师职业行为十项准则》等法律法规，确保教师依法履职。每年与教职工签订岗位责任书，落实岗位责任，并签订遵守师德规范承诺书，杜绝有偿家教等违反师德的行为。在每个节假日和寒暑假前，学校都要在网上和教职工会议上再次强调师德师风的重要性，教育全体教职工遵守相关的法律法规。

（3）努力打造师德师风长效机制，不断促进教师专业成长

持续强化队伍建设，促进教师专业成长。建设一个"思想上先进、组织上团结、工作上踏实、业务上内行、作风上民主"的干部队伍；工作有思路，善于学习，各尽其职，信任、合作的教师队伍；在年级发挥带头作用，提升自身人气，引导大家积极向上，讲团结、善合作的党员队伍。落实教师分层、分类培养指标体系，积极培养青年教师，重视骨干教师队伍建设，发挥优秀教师教育影响力，打造该校名师团队。

以党建为引领，加强教师党支部和党员队伍建设，充分发挥党组织的战斗堡垒作用和党员教师的先锋模范带头作用。

优秀党员

MY区教育系统优秀党员××老师的事迹得到了社会、家长、学生的认可。他虽非班主任，却常常利用周末、节假日的休息时间进行家访。他牺牲了自己陪伴家人和休闲娱乐的时间，怀着一颗火热的爱生之心，与家长面对面沟通、交流和指导，使家长掌握了正确的教育理念和方法，认识到配合学校教育的责任和义务，共同寻找有利于孩

子成长的有效方法。从2016年10月至今，××老师已家访了50多个学生家庭。

以师德师风建设为核心，促进教师专业发展。一是坚持有效开展教师教育和校本培训活动。充分利用各种平台，先后开展了"敬畏教育常识，尊重教育规律，让改变发生""精细管理，积累常型，文化引领促发展""分享教育智慧，做智慧教育者""深化教学改革培育核心素养""大单元教学——指向核心素养大单元教学设计策略研究与实践"等八次校本培训，基于对学校、对教师的充分了解，对教职工的师德、师风、教育教学方面进行引导。二是重视各级教师培养。开展对学校"骨干教师"培养，树立学校荣则教师荣、学校衰则教师耻的职业荣辱观，积极促进高级教师向名师发展。拓宽"骨干教师"培养途径，提升岗位实践能力和工作水平，强化优秀干部教师梯队建设。持续推进"青云志青年教师成长工程"，注重40岁以下青年教师培养，加强其在师德修养、教育能力、教学水平等方面适应学校发展的需要，不断增强他们的主人翁精神和工作责任感。三是树立师德先进榜样，通过榜样引领，激励全体教师共同成长，学校每学年都认真组织评选和表彰"师德先进个人""巾帼岗位标兵"，涌现了一批批师德先进个人、巾帼岗位标兵等。树立师德榜样，通过身边的榜样力量激励全体教师共同成长，学校充分挖掘校内的名师，讲他们的教育故事、成长经历，传承敬业爱生的专业品质。学校工会积极宣传MY区"师德榜样"、北京市"师德先锋"的优秀事迹，宣传MY区"巾帼岗位示范标兵"的先进事迹。学校还通过微信号大力宣传优秀教师、师德榜样，使追求卓越、止于至善的理念不断深入人心，使无私奉献的精神落实到工作的每一天。通过宣传榜样、典型引领，不断激励全体教师共同成长。四是加强家校互助共育，促师德师风建设。学校秉持"家校携手,共育英才"的理念,建立了校级家长教师协会,各班建立起学生家长微信圈,邀请家长进班听课、和教师一起管理晚自习,邀请家长参加学校的各项活动,这些举措既宣传了学校,又促进了学校的师德师风建设。五是组织开展丰富多样的团队建设活动、文体活动,让教职工有更多幸福感、获得感。学校工会组织团结奋进新时代、争做幸福学校人主题系列活动,近年连续组织开展各类团建活动,精准对接了教职工的多样化需求,努力实现多元服务,丰富活跃教职工生活,进一步激发了教职工的团队意识、健康生活意识,让教职工有了更多的幸福感、获得感。

3. 师德师风建设的成效

经过全体师生共同努力,学校师德师风建设结出可喜的成果。教育教学、平安校园创建、后勤服务、校园文化建设等方面得到学生、家长及上级主管部门的良好评价。同时,涌现出爱岗敬业、无私奉献、爱生如子、舍小家、为大家、教书育人、刻苦钻研、精通业务等优秀典型事迹。如学校行政领导工作兢兢业业、主动积极、创新实干、不计得失;党员教师们身先士卒、以身垂范、发挥榜样带头作用;班主任管理服务学生到位、班风学风良好;后勤同志服从安排,不怕困难、吃苦耐劳。全校教职工呈现出了无私奉献、争创一流工作业绩、树行业新风的良好局面。

通过师德师风建设,学校取得了骄人的绩效。学校先后获得"北京市民族团结教育示范学校"、北京市"五四红旗团支部"和"全国名优学校"等100多项市级以上荣誉称号。

通过学校的师德师风建设,该校初步形成了一支师德高尚、敬业修德、拼搏奋进的教师队伍。每天早晨6点半,部分干部教师已来到学校,巡查校园,关注学生;晚上10点教师办公室的灯依然亮着,还有教师在认真备课、批改作业,在给学生答疑解惑。全体教职工以学校为荣，以学生为本，加强学习，不断进取，以"四有"好老师和"四个引路人"为指导，修身、立德。2位教师被评为紫金杯优秀班主任；4位教师被评为正高级教师；1位教师被评为市级师德先锋。学校有61名教师被确定为区、市级学科教学带头人、骨干教师。这些骨干教师在平时的教学中发挥示范引领作用，每年都有150人次获得市、区级奖励。

师德师风建设是一项长期而艰巨的任务，尤其教师在职业生涯的中后期容易产生职业倦怠现象，需要学校不断加以正确引导，同时也需要教师们不断学习、不断产生新动力、不断破茧重生。与此同时，在全球化、网络化时代，教师和学生、家长们都面临多样化教育观念的困扰问题，如何进行正确的辨识和引导都需要不断探索。面临新时代教育的新需求，学校教师更需要不断有理论上的突破和实践中的升华。因此，师德师风建设需要常抓不懈，需要不断构建新时代师德师风建设的新内容，探索新时代师德师风建设的新方法、新途径，以此体现新时代特点和创新精神。

第三节
北京市SY区师德师风建设

SY区位于北京市东北方向，距市区30千米，总面积1021平方千米，下辖6个街道、19个镇。SY区是北京市"一核一主一副、两轴多点一区"城市空间结构中的"多点"之一，也是"国门"所在地、首都重点平原新城、中心城区适宜功能产业的重要承接地。截至2021年，全区共有普通中小学87所；在校生82 902人（小学55 541人、初中

17 855 人、高中 9506 人）；幼儿园 112 所，在园幼儿 34 870 人；特教学校 2 所，在校生 324 人；职业学校 6 所，在校生 140 人；共有在职教职工 15 374 人，其中，专任教师约占 64%。党的十八大以来，该区以立德树人为根本任务、以促进公平为基本要求、以深化改革为根本动力、以加强党的领导为坚强保证、以加强和规范党内政治生活为抓手，全面加强党的领导，狠抓师德师风建设，确保党的教育方针得以贯彻落实。推进"三名工程"，培养了一批名校长、名师、名班主任，加强师德教育、法制教育，倡导依法执教、依法治教。以区教育系统师德先进单位、师德楷模及师德标兵的评选为契机，挖掘典型，在全区进行宣传和学习。推荐师德楷模、名校长、名教师做客 SY 电视台《师说日》等栏目，为区内广大学生和家长做好家庭教育指导、心理辅导等专题分享。

一、SY 区师德师风建设的制度规章

（一）加强师德师风建设

2018 年 4 月和 6 月，北京市 SY 区委教工委、区教委、区政府教育督导室、区教育工会为了解决本区师德师风建设还存在一些亟待解决的制度机制不完善，师德师风建设中抓理想信念、法治意识、育人责任等落实不能持续，师德师风建设的实效性不高等问题，相继出台《SY 区关于进一步加强新时期师德师风建设的实施意见》（以下简称《实施意见》）、《进一步加强新时期师德师风建设工作实施细则》（以下简称《实施细则》），系统规定了 SY 区师德师风建设的指导思想、工作原则、目标任务等多方面内容，并通过细则将各学校师德师风建设落实到最细微处。

第四章　案例研究——区、校师德师风建设典型案例

《实施意见》主要围绕师德师风建设的指导思想、目标任务和具体举措予以明确规定。指导思想是以"一主线、两重点、三着力、四落实"为基本思路，即围绕"敬业爱生，为人师表"一条主线，突出"查摆问题、整改提升"两个重点，着力解决"理想信念、责任担当、育人水平"三个问题，落实"组织、活动、机制、示范"四个保障，宏观上引领师德方向、活动中凝练师德内涵、个体中解决师德问题、整体上提升师德水平，形成好教师不断涌现的良好局面。目标任务为提升教师师德师风的认识水平、增强教师师德师风的岗位践行能力、建立师德师风建设的长效机制、健全师德师风的考评和监督体系、形成优良的师德师风新局面。主要举措主要包括六个方面：一是充分发挥党员干部的先锋模范作用；二是全面提高教师思想政治素质和师德修养；三是深入开展师德师风建设实践活动；四是加强对师德师风的考核监督；五是健全完善师德师风长效机制；六是加大师德师风先进典型宣传力度。通过建立由区教工委书记、教委主任、区政府教育督导室主任为组长的教工委师德师风建设领导小组的体制，强化师德师风建设督导检查和加强师德师风建设经费保障，深入贯彻落实师德师风建设的制度安排。

《实施细则》中进一步细化工作机制、保障体系、管理程序、纪律要求与监督追责。明确教师准入、培养、考核、奖惩等机制的具体内容，并将师德贯穿于教师整个职业生涯。

在北京市师德师风建设相关的具体要求，如《北京市师德榜样（先锋）候选人推荐办法》的指导下，出台《SY区优秀师德群体、师德标兵的评选办法》《SY区师德楷模评选办法》《SY区教育系统教师仪容仪表规范要求》《SY区教育系统教师职业行为规范"八要、十不准"》《SY区教育系统违反教师职业行为规范"十不准"绩效处罚办法》《SY区教育系统教师师德档案》等政策文件，为具体落实师德师风建设提供了明确的操作方案。如既规定了应该做什么的"八要"，又进一步要求了不

应该做什么的"十不准",让一线教师能在具体工作和日常教育教学中更准确地把握这些要求。

"八要":一要爱党爱国。爱党就是要坚决拥护中国共产党的领导,坚定理想信念,坚守政治方向,自觉在思想上、言行上同党中央保持高度一致;切实把党的教育方针全面贯彻落实到教育教学工作全过程,全心全意培养社会主义建设者和接班人。二要遵纪守法。此遵纪守法,既包括国家的宪法、法律等,又包括基本的职业道德,还包含了学校章程、规章制度,以及完成教育教学工作任务;保护学生权利,尊重他人的合法权益,维护学校声誉。三要修德立身。既强调教师的公德,又强调教师的职业道德。要求教师始终保持高尚的社会主义道德情操,牢固树立社会主义核心价值观,公正廉洁、克己奉公、爱岗敬业、诚信友善;倡导学习中华优秀传统文化,修德养性、明礼仁爱。四要以身立教。要求教师在德、智、体、美等各方面率先垂范,以身作则;自觉提高自身人文、科学、艺术等素质,养成阅读习惯和运动习惯,潜在地影响学生健康成长。五要关爱学生。围绕立德树人根本要求,遵循学生成长规律,促进学生全面、主动发展;关心爱护每位学生,尊重学生主体地位,与学生平等对话;根据学生的年龄、心理、个性特点,热情、耐心地与家长沟通,帮助家长化解学生成长中的问题。六要严谨治学。要求教师严格遵守学校的教学计划,制定个人教学安排,认真落实备课、上课、批改作业、课后辅导等教学环节;深研学情,钻研教材,因材施教,诲人不倦;及时反思总结教学实践。七要与时俱进。紧跟时代要求和新时期学生的不同特点,在实践中不断创新;更新教育观念,拓宽教育视野,改进教学方式方法,掌握先进的教育技术,做好学生成长的引路人。八要团结进取。要求教师清楚学校的育人理念,关心所在教研组或工作部门的发展目标,与同事互敬、互学、互助,团结一心,共享教育智慧,提升教育质量，服务学生发展，争做"四有"好老师。

"十不准"：一是不准有违背党和国家路线、方针、政策、法律、法规等的言行。二是不准在发生校园突发事件中逃避保护学生人身安全的责任，消极应对，任由事态发展升级。三是不准在教育教学活动和学生管理、评价中不公平、公正对待学生。四是不准在论文撰写、教案编制、课题研究、成果发表、考核评价、职称评聘中有违反诚信、营私舞弊的行为。五是不准有体罚或侮辱、歧视、孤立等变相体罚学生的言行。六是不准骚扰学生或与学生发生不正当关系。七是不准索要或者违反规定收受家长、学生的财物和宴请，擅自向学生和家长推销各种教辅资料和学习用品，让学生或家长为自己办私事、谋私利。八是不准组织、参与或要求学生有偿补课、有偿家教，私自在校外办班及在校外培训机构兼课。九是不准随意缺课、调课，不备课上课，敷衍作业批改，在课堂上做与教学无关的事。十是不准在工作时间炒股、经营微商、网上购物、打牌下棋、玩游戏等。

（二）着力加强思政课教师队伍建设管理，夯实课程育人主渠道

着重加强思政课教师队伍的建设和管理。一是择优选拔。选择政治素质硬、业务水平高的教师担任思政课教师，发挥教师的积极性、主动性、创造性。二是加强培训和竞赛。由业务部门对思政课教师进行全员培训，开展"临空杯"小学骨干思政课教师汇报展示、"临空杯"青年思政课教师基本功比赛、"临空杯"成熟思政课教师比赛等活动，努力提升思政课教师专业化水平，思政课教师100%参加。三是加强思政课教师教学研修。教研部门加强思政课课堂教学指导及教学研究，每周下校听课指导，努力引导思政课教师改变教学方式，增强课程吸引力、实效性，强化思政课育人功能。

（三）多种途径加大宣传力度，推动形成家、校、社三方协同育人体系

SY 区不仅每年教师节弘扬高尚师德、大力宣传师德标兵，更是通过组织师德标兵、师德楷模、优秀教师积极参与到家校共育当中，无偿为家长提供优质家庭教育资源，既发挥了优秀教师师德楷模作用，又有效促进了家、校、社共同育人体系的深入推进。

区教委、区广电中心主管领导和相关工作人员经多次协商论证，决定在区电视台《师说日》栏目中开设"子女教育系列"节目，免费录制50课时，每课时时长40分钟，全年长达2000分钟的子女教育的优质资源。《师说日》栏目整合了市、区级专家资源，遴选区域内"紫禁杯"特等奖班主任、SY 区师德楷模等优秀教师代表，为全区的中小学生和家长提供家校共育资源，拓宽了教育的舞台，创新了教育的载体，使更多的家长享受到了优质的家教资源，提升了全区家长的整体素质，提升了全区教育的整体质量。每周收看《师说日》，已经成为 SY 区教委建设全民学习、终身学习的学习型社会的一项具体举措，最大限度地满足了教师、家长终身学习的需求，最终促进了区域教育生态的优质发展。

二、SY 区师德师风建设情况调查分析

通过开展该区 250 名中小学教师、207 名中小学生、251 名中小学生家长三类问卷调查，师德师风建设情况得出如下结论。

（一）基本建立师德师风制度长效机制，家长满意度高于 90.0%

教师调查问卷显示，76.0% 的教师认为本区已经建立师德师风建设长效机制，78.6% 的教师认为师德师风有显著改善。但该两项值均低于全市平均水平。详见表 4-9。

表 4-9 师德师风建设教师评价情况

变量	个案数/人	最小值	最大值	区		市	
				均值	比例/%	均值	比例/%
师德师风长效机制已建立	250	1	5	3.80	76.0	3.91	78.2
师德师风改善显著	250	1	5	3.93	78.6	4.03	80.6

家长调查数据显示，95.4%的学生家长认为本区注重师德师风建设，且92.0%的家长对教师的师德师风是满意的。该两项值均与全市平均水平基本持平。详见表4-10。

表 4-10 师德师风建设家长评价情况

变量	个案数/人	最小值	最大值	区		市	
				平均值	比例/%	平均值	比例/%
注重师德师风建设	251	1	5	4.77	95.4	4.75	95.0
师德师风满意度	251	2	5	4.60	92.0	4.60	92.0

（二）师德教育在师德师风制度建设中效果最为显著，师德激励效果较好

在以师德教育、师德宣传、师德考核、师德激励、师德监督和师德惩处为核心的师德师风长效机制建设中，该区高达86.8%的教师认为师德教育效果较好，在六个维度中均值最高。其次是师德激励，81.8%的教师认为师德激励效果较好。上述两项教师认为较好的比例均超过80.0%。以下依次为师德惩处、师德监督、师德宣传，其中，79.0%的教师认为师德惩处效果较好，75.0%的教师认为师德监督效果较好，70.6%的教师认为师德宣传效果较好。师德考核显著低于其他五项，均值仅为3.41，有超过三成教师对师德考核不认同。该区六项评价均值全部低于全市平均水平。详见表4-11。

表 4-11 教师对师德师风建设六个维度评价情况

变量	个案数/人	最小值	最大值	区		市	
				均值	比例/%	均值	比例/%
师德教育	250	2	5	4.34	86.8	4.42	88.4
师德宣传	250	1	5	3.53	70.6	3.69	73.8
师德考核	250	1	5	3.41	68.2	3.84	76.8
师德激励	250	2	5	4.09	81.8	4.1	82.0
师德监督	250	1	5	3.75	75.0	3.83	76.6
师德惩处	250	2	5	3.95	79.0	4.02	80.4

教师普遍认为的师德教育效果较好源于师德教育已融入职前教育、入职培训和职后培训的各个环节，已成为教师教育的重要内容。如96.8%的教师在职前已经系统接受师德教育，96.4%的教师在入职时接受系统的师德教育，92.8%的教师在职后培训中系统接受师德教育，如图4-3所示。

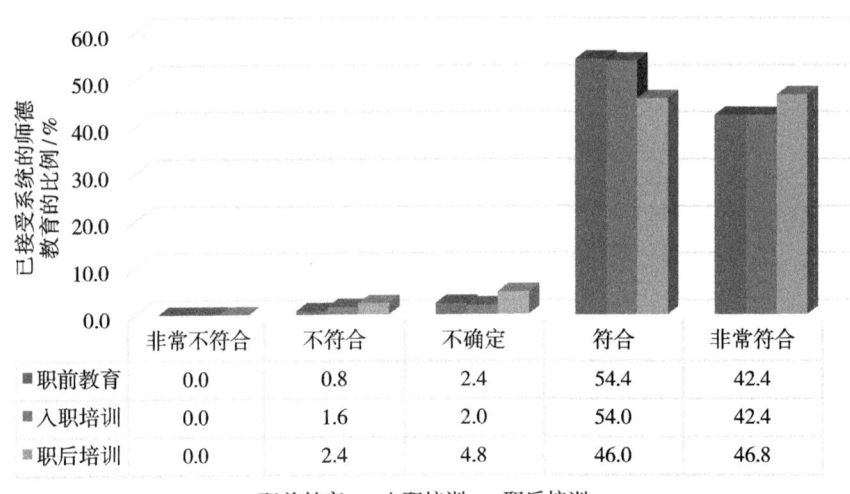

图 4-3 教师对师德教育的评价情况

调查发现，88.0%的教师认为师德教育的较好效果还来源于师德教育的内容有针对性和时效性，这在很大程度上提高了师德教育的效果，也使得师德教育在整个师德师风建设中发挥关键性作用。

（三）家长、学生对教师职业道德表现认同度较高，均高于教师自身评价

师德师风建设长效机制是否建立及效果如何，最终是要经过教师自身、学生和家长认同的。在对上述三个群体的调查中，本区学生、家长对教师在爱国守法、传播正能量、潜心育人、关爱学生、安全防范、言行处事、廉洁自律、规范从教八个方面的职业道德规范认同均维持在95.0%左右。其中，学生对教师职业道德规范认同排名前三位的分别是规范从教达到96.4%、廉洁自律达到96.2%、爱国守法达到96.1%。家长对教师职业道德规范认同排名前三位的分别是爱国守法达到97.1%、传播正能量达到96.5%、规范从教达到95.8%。教师对自身职业道德规范的评价均值均低于学生和家长的评价，这也表现出教师对自身职业道德水平的要求相对较高。教师对自身职业道德规范认同排名前三位的分别是传播正能量达到95.2%、关爱学生达到94.0%、规范从教达到94.0%。详见表4-12。

表4-12 不同群体对教师职业道德表现评价情况

项目			爱国守法	传播正能量	潜心育人	关爱学生	安全防范	言行处事	廉洁自律	规范从教
教师 ($N=250$) ($N=1064$)	区	均值	4.69	4.76	4.65	4.70	4.53	4.62	4.53	4.70
		比例/%	93.8	95.2	93.0	94.0	90.6	92.4	90.6	94.0
	市	均值	4.65	4.66	4.61	4.66	4.53	4.61	4.63	4.50
		比例/%	93.0	93.3	92.1	93.2	90.7	92.3	92.6	90.1
学生 ($N=207$) ($N=1076$)	区	均值	4.81	4.67	4.77	4.71	4.77	4.79	4.81	4.82
		比例/%	96.1	93.4	95.3	94.1	95.4	95.8	96.2	96.4
	市	均值	4.83	4.72	4.79	4.74	4.79	4.81	4.83	4.82
		比例/%	96.6	94.4	95.8	94.8	95.8	96.2	96.6	96.4

续表

项目			爱国守法	传播正能量	潜心育人	关爱学生	安全防范	言行处事	廉洁自律	规范从教
家长 (N=251) (N-1200)	区	均值	4.85	4.82	4.76	4.74	4.75	4.77	4.77	4.79
		比例/%	97.1	96.5	95.2	94.8	95.1	95.4	95.4	95.8
	市	均值	4.83	4.83	4.76	4.77	4.74	4.76	4.80	4.78
		比例/%	96.6	96.6	95.2	95.4	94.8	95.2	96.0	95.6

三、SY区师德师风建设案例

（一）F小学师德师风建设

F小学成立于2016年9月1日，位于北京SY马坡新城，是SY教育"十三五"规划开局之年为实现与高校无缝对接，促进SY基础教育高端、优质发展的一项重要举措。到2021年，有致远校区、养正校区两个校区，教职工229人，学生3300人，76个教学班。学校秉承"顺性扬长实施生长教育，唤醒内力奠基美好未来"的办学理念，聚焦"健康雅趣、行正志远、思辨创新、心系家国"的育人目标，以"家国情怀的人文教育、健体修格的体育教育、启迪智慧的科技教育"为特色。学校被授予"全国未成年人思想道德建设工作先进单位"，多次获得北京市、SY区学校建设、教育系统优秀党支部、SY区教育系统先进单位等荣誉。学校虽然建校历史尚短，但在师德师风建设中逐步形成了适合学校发展的长效机制。

1. 建立师德师风建设的制度规章

明确师德师风建设规划和具体实施方案。为深入推进实施《中共中央 国务院关于全面深化新时代教师队伍建设改革的意见》，贯彻落实SY区教委《SY区教育系统加强师德师风建设实施方案》内容，该校以践行"顺性扬长实施生长教育，唤醒内力奠基美好未来"的办学理念，着力打造风清、气正的学校教育环境,努力以推进清廉学校建设为宗旨,2019年以来,先后制定师德师风建设三年规划、2020年师德师风建设实施方案、2021年师德师风建设实施方案。

落实教师职业道德规范。教育广大教师提高职业道德水平,规范教师依法执教、廉洁从教行为,引导教师爱岗敬业,为人师表,模范遵守社会公德,树立良好社会形象。进一步完善教师考核评价体系和师德监督管理体系,持续规范教师行为。

明确目标任务。每年以不同主题开展师德教育和学习。如2021年,以庆祝建党100周年和开展党史学习教育为契机,将4月和9月设为师德师风建设主题教育月,通过开展一系列师德教育活动,切实提高教师的思想政治素质,让广大教师增强"四个意识"、坚定"四个自信"、做到"两个维护",提高政治站位,坚定职业信仰。

2. 加强师德师风建设的主要举措

(1)坚持思想铸魂,开展师德师风系列学习活动

认真学习教育法规。定期组织全体教师深入学习《中华人民共和国义务教育法》《中华人民共和国教师法》《中华人民共和国未成年人保护法》《新时代中小学教师职业行为十项准则》《SY区教育系统教师职业行为规范"八要、十不准"》等系列文件。通过学习,进一步提高广大教师的职业道德水平,牢固树立依法治教意识,规范职业行为,让每名教师守住底线、不越红线、不碰高压线。

认真学习党史和习近平总书记系列讲话。2019年和2021年分别是中华人民共和国成立70周年和中国共产党成立100周年,学校制定"永远跟党走"主题教育方案,在党员、教师、学生中大力开展党史学习教育。健全教师理论学习制度,组织学习党史系列读本,学习《中国共产党简史》《写给青少年的党史》等,深刻铭记中国共产党百年奋斗的光辉历程,深刻认识中国共产党为国家和民族作出的伟大贡

献。引导教师树立正确的教育观、教师观和学生观，积极争做"四有"好老师。

（2）坚持形式多样，开展师德师风系列主题活动

开展师德师风宣讲教育活动。以班主任节、教师节等为契机，开展师德先进典型及优秀班主任评选表彰活动。通过校园橱窗、广播、视频大力开展师德典型宣传。

开展师德师风教育"三个一"活动。一是组织开设一次专题讲座。由校领导开设师德师风教育专题讲座，对全体教师进行师德教育。二是签订一份承诺书。每年教师节前一周为"师德活动周"，组织全体教师开展师德承诺活动，以不收受家长财物、不接受家长宴请、不搞有偿补课等为重点，并主动接受学生、家长和社会的监督，切实增强遵守师德规范、弘扬高尚师德的责任感和使命感。三是写一篇心得体会文章。以师德师风建设为主题，组织教师写一篇心得体会，并在校园一定范围内开展集中交流活动。

开展师德师风主题演讲活动。以"立德树人，做人民满意的好老师"为主题，组织开展师德师风主题演讲活动，以讲身边的故事、谈师德体会为内容，以此弘扬教师正能量，提高教职工敬业爱岗、教书育人的职业道德素养。

（3）开展"以案为鉴、以案促改"师德师风建设警示教育

为了将SY区教委警示教育大会精神落到实处，2020年12月，该校先后召开全体干部会、党支部党员大会、全体教师会，分别开展"以案为鉴、以案促改"师德师风建设警示教育。

在全体干部警示教育会中，全体干部集体学习领会SY区教育系统警示教育大会会议精神，校长通报个别典型案例、深入剖析问题根源，以案示纪示警、以案促教促改。校长在会议上强调全体干部要强化责任担当，以案为鉴，严于律己、自我约束、自我警醒；正视存在的问题和

不足，筑牢拒腐防变的思想防线，真正做到务实清廉。学校层面要加强科学规范管理：一是规范决策程序，领导班子要落实"三重一大"制度，做到公开、民主、科学决策；二是加强财务管理，保证资金的科学有效使用；三是坚持厉行节约，防止铺张浪费；四是加强制度建设，严格按照市、区、学校各项规章制度执行。

在党支部召开的党员大会上，党支部书记带领全体党员集中学习SY区教委"以案为鉴、以案促改"警示教育大会精神，要求全体党员担负起立德树人的教育初心和使命，以"一诺千金做好自己，坚守五心带动他人"的党建文化为引领，继续聚焦政治立场、政治原则、政治担当和政治纪律，始终保持清正廉洁的政治本色，为全校教师作出榜样，充分发挥先锋模范带头作用。

在全体教师大会上，校长带领全体教师一起学习了SY区教育系统召开的"以案为鉴、以案促改"警示教育大会精神，要求全体教师深刻吸取教训，躬身自省，检身正己，以案为鉴，时刻保持清醒头脑，不断增强敬法畏纪、遵规守矩意识，筑牢信仰之基、补足精神之钙、把稳思想之舵。

国无德不兴，人无德不立。以警示教育为契机，校长带领全体教师逐条学习了《新时代中小学教师职业行为十项准则》，并要求教师做到"仁爱"和"责任"，做有理想信念、有道德情操、有扎实知识、有仁爱之心的好老师，成为塑造学生品格、品行、品味的"大先生"，做到以德立身、以德立学、以德施教、以德育德。

该校印发并系统学习本校教师职业道德规范"十要""十不准"和处罚条例，将师德师风建设的长期性和紧迫性结合起来，毫不松懈治理师德师风突出问题，助力学校整体推进师德师风长效机制建设。

(4)坚持素质提升,打造德才兼备的"敬业"团队

围绕三项素质,实施队伍素养提升行动。第一,提升教师思想政治素质。一是围绕新时代教师思想政治素质要求,认真组织开展每月一次的集中学习制度,包括作风建设、教师素质、师德建设、党的十九大精神、"两学一做"、党风廉政、清廉学校等主要内容,提高广大教师的政治站位,充分认识教育工作的意识形态属性。二是充分关注时事,掌握党的方针政策,牢记为党育人、为国育才使命。三是注重实践锻炼,积极探索新时代教育教学方法,不断提高教书育人本领。四是树立教育至上的信仰和对工作、对规则的敬畏之心,弘扬奉献精神、责任担当。第二,提高教师的专业素质。围绕书香校园建设,在教师中广泛开展读书活动,特别是教育理论的学习活动。坚持把学习、读书作为教师校本研训考核的一项重要内容,每位教师要结合自己实际制定学习计划,开展撰写教育叙事、教育反思等,学校要结合研训活动、学科组活动组织教师开展教育叙事比赛、读书会和教育故事分享会。第三,提高教师的创新素养。教师的创新素养可以理解为创造性地开展教学活动所需要的素养及为培养学生的创新精神、创造能力所需要的素养。

树立团队理念,实施团队建设行动"一群人、一条心、一辈子、一件事"团队文化。坚持使学校成为一个发展共同体,在教师群体中逐渐产生"不怕我不会,我们有团队""赢了一起分享,输了一起分担""聚是一团火、散是满天星"等团队口号,堪当教育现代化建设重任的教育团队是提升办学品质的关键。一是团队共建共享,继续加强教研组、年级组等各种类型的研究小组(北京市紫禁杯优秀工作坊、研究中心小组、青年教师培训班、学校骨干班主任工作坊)等团队建设。在此基础上,进一步加强以围绕目标任务建立各类项目工作团队,目的是让我们的教师在团队实践中学习,在团队探索中获得进步。二是团队共展共

荣，要充分利用教师大会、党员活动、学科教研等平台，以及区级以上开展的各项练兵、竞赛等契机，开展团队展示活动，使每一位教师都能有在团队亮相和锻炼的机会。三是积极探索，形成团队建设机制，努力提升团队建设经验。首先，不断完善关于教研组、年级组、教学研究中心小组等团队管理办法，包括团队理念、团队建设目标、优秀团队评价标准等，充分发挥团队凝聚人、教育人、引领人的作用。其次，总结以往校本研训精品项目展评的经验，进一步完善各类团队展示考核机制，使教师们在团队中逐步提升自己的教育智慧和实施有效教学的水平。

（5）建立健全教师职称晋升、岗位等级、评优评先等考核机制

一是在完善校本研训考核机制和学校教科研管理办法的基础上，制定《教师专业技术职务（高级、一级）评审（岗位设置）量化评分办法》，把校本研训一体化、教师专业发展规划、学科建设方向、课题课程、论文等研究业绩作为重要指标，对教师专业发展进行客观的发展性评定，并作为教师岗位等级和职称评审的重要指标。

二是构建"五阶段、四梯队、多维度"教师生长平台。"五阶段"，即"新苗奖"（0~2年）、新秀奖（3~5年）、能手奖（6~10年）、风华奖（11~20年）、红烛奖（20年以上）；"四梯队"，即"五阶段"获奖教师、区名师学科带头人、市名师学科带头人、市级骨干；"多维度"，包括教育教学、德育、现代教育技术等。通过机制创新营造良好的教师专业发展的氛围，促进不同年龄、不同层次教师的协同发展，培养好一批批学校教育的中坚和新秀。

三是继续发扬"讲奉献、有作为、敢担当"的精神，积极主动适应人事制度改革，主动履行岗位职责，要把能做的工作做好，更要敢于去做难做的工作，还要把学校这个大家的工作做好，要对人、对团队、对集体多做雪中送炭的事情。

（6）坚持制度建设，完善师德考核和监督管理体系

一是建立健全学校、教师、学生、家长和社会"五位一体"的师德师风评价机制，充分发挥学校纪检部门职能，全面客观评价教师的师德表现。强化师德考核结果运用，实行教师评优、职称评聘、绩效考核等重大事项师德师风前置，在职称评聘、推优评先、表彰奖励等方面实行师德"一票否决制"。

二是畅通监督管理渠道。建立健全师德师风监督举报机制，畅通举报渠道，面向社会公开学校举报电话，设立举报信箱和网上举报平台，依法接受社会监督。

（7）坚持从严管控，开展师德师风专项治理

结合自身实际，进一步健全教师违反师德行为惩处制度，引导教师对照负面清单自我排查，自觉接受学生、家长和社会对师德建设的监督和评议。对负面清单中的失范行为等师德问题，要严肃查处，及时纠正。特别对于在职教师参与有偿家教、营利性办班、在培训机构兼职、从事微商等社会影响较大的行为，坚持从严管控，开展专项治理。

教师是教育的第一资源，承载着为党育人、为国育才的历史使命，肩负着培养社会主义建设者和接班人的时代重任。师德师风建设是每一所学校常抓不懈的工作，是教师队伍建设的首要任务。该校以"零容忍"的态度，不姑息、不迁就、不纵容各种违反师德师风的行为，不断提高教师队伍师德修养，努力推动学校高质量发展。

3. 师德师风建设的主要成效

（1）育人情怀根植于每位教师心中

该校从校长到全体教师秉持教师的责任与担当，兢兢业业做教育，踏踏实实为学生。在学生懵懂无知的时候教其读书，在学生迷茫无助的时候为其指引方向，用最长情的陪伴助孩子们健康成长。

（2）积极、向上、团结、协作的教师队伍师风基本形成

该校已形成一个团结的大家庭，从校长到管理者，再到每一位新老教师，已经建立起互敬、互爱、互信的同侪关系，老师们忙碌地工作、幸福地生活，这里时刻充满着奉献和感恩！

校长被教师们称作大姐，她清晨迎接每一位师生，夜晚久久伏案工作。老师们生活遇到困难，她的关怀无微不至。老师们工作略有懈怠，她是大家前进的榜样。

年龄在四十岁以上的中年教师，他们把宝贵的经验无私奉献给学生，奉献给年轻教师。成长起来的研究生已成为教学骨干，他们也在这里收获着归属、收获着幸福。稚气未脱的新教师在其他教师的带领下快速成长，站稳讲台。

（3）学生、家长满意

该校自建校以来，老师们对学生做到了两个假如（假如我是孩子，假如是我的孩子），实现了三个喜欢（让孩子喜欢老师，喜欢课堂，喜欢学校）。在第一届毕业生调查中，99%的学生喜欢他们的老师、喜欢学校。该校把家长需求作为服务范围，把家长的感动作为服务的追求，把家长的满意作为服务的标准，为社会交上了比较满意的答卷。

（4）教师获得多项荣誉

建校以来，多位教师荣获北京市紫金杯班主任、SY区优秀教育工作者、SY区师德标兵、优秀共产党员、优秀党务工作者等荣誉称号。

（5）学校获得全国殊荣

2020年，在由中央文明办举办的第六届全国未成年人思想道德建设工作先进城市（区）和第五届先进单位、先进工作者评选结果中，该校荣获"全国未成年人思想道德建设工作先进单位"光荣称号。

（二）G 中学师德师风建设

该校是一所全日制公立完全中学，是北京市重点中学、北京市示范性普通高中。学校占地面积282余亩（约合18.8万平方米），建筑面积13.5万平方米，学校先后被授予全国文明校园、北京市中小学科技教育示范学校等荣誉。学校紧密配合区教委安排部署，广泛深入长期开展师德集中教育活动，先后经历了宣传发动、学习教育、排查问题、实施考核办法、总结提高等阶段。学校师德师风建设过程充实，效果显著。

1. 加强师德师风的制度规章

（1）制定专题教育工作方案

为深入贯彻北京市、SY区加强师德师风建设的要求，学校根据校情制定了《专题教育工作方案》，按方案规定，首先着手全校教师师德专题教育动员；其次强调全体教职工时刻加强个人自学；最后强化各支部定期召开分享会。与此同时，依照惯例，每个月通过全体教师会对教师进行师德提醒并定期进行师德评比。将专题教育与日常工作紧密结合。检查教师的学习记录、心得体会，通过召开学生、家长代表座谈会，了解教职工的师德状况。

（2）实施教师考核管理办法

为了督促和保障教师基本工作的完成，结合学校《教师常规工作条例》，制定奖励性绩效考核管理办法，将教师师德、教师常规工作与考核紧密相连。

坚持政治方向，注重师德师风。要求教师带头践行社会主义核心价值观，弘扬真善美，传递正能量，不得在课堂教学及其他教育教学活动中有损害党中央权威、违背党的路线方针政策的言行。不得通过课堂、论坛、网络等渠道发表、转发错误观点和不良信息。在校的衣着、举止、语言等要和教师身份相符。关爱学生，能够在《中小学教育惩戒规则》要求范围内实施教育，不能辱骂、殴打学生。

遵守劳动纪律，严格自我要求。要求教师遵守工作时间，按照有关规定坚守岗位，做到不迟到、不早退、不缺会，遇事要严格履行请假手续。不得擅自变更上课时间、私自请人代课。未经批准不得缺课、停课。工作时间不得上网聊天、玩游戏、炒股、看电影等。

规范教学行为，履行教师职责。要求教师课前认真备课，按要求完成教案，课堂中有序组织开展教学，保证课堂基本秩序，课后合理布置作业，按要求批改作业，按年级要求辅导答疑。

加强自身学习，积极参加教研。要求教师树立终身学习的观念，加强自身专业发展，按照学校和教研组长要求认真参加各项学习活动和教研活动，完成相应的教研任务和学习要求。

提高效率意识，任务完成及时。要求教师树立效率意识，合理规划时间，学校各部门和年级布置的一些任务要按照时间节点及时完成，不得拖沓、迟缓。

注重团队合作，树立责任意识。要求教师有良好的团队合作意识和责任意识，为人处事赢得同事、学生的尊重和认同。工作过程中年级主任、组长、同事、服务对象（学生）无普遍性重大意见。

（3）成立专门领导小组

为了确保师德师风建设深入推进，学校高度重视，成立了师德教育活动领导小组，由党委书记、校长担任组长，副校长担任副组长，负责该项工作的具体开展。

2. 加强师德师风建设的主要举措

（1）切实开好学校师德专题教育动员大会

在全体教师会上，召开师德师风教育活动动员大会，校长强调在教师中开展师德师风教育活动的意义，向学校教职工提出加强师德师风修养,不断学习、不断创新、完善自我、追求卓越的殷切希望,还对学校的师德师风教育作出周密的安排。动员大会统一了全校教职工的思想,认识到师德师风教育的必要性与紧迫性。

(2)搞好集中学习活动

学校根据《SY区教育系统开展师德专题教育工作方案》,明确教职工的学习内容:习近平总书记关于"三个牢固树立"、"四有"好老师、"四个引路人""四个相统一""六要"等重要论述精神,以及《关于加强中小学教师职业道德建设的若干意见》《关于进一步加强和改进师德建设的意见》《中华人民共和国教师法》《中华人民共和国未成年人保护法》《新时代中小学教师职业行为十项准则》等相关政策法规。要求全体教职工利用假期认真学习,深刻体会,结合自身工作实际写体会、写感想。

(3)向身边的典型学习

学校经过广泛的民主评议,推选出了学校的师德典型人物、典型事例。邀请多位教师代表,开展了学校名师"立德立言"讲座,让学校的优秀典型述说自身的教育故事。

(4)抓好假期时段师德师风建设

组织教职工响应师德师风教育活动开展师德自学,假期开展"四史"学习,激励教师学史明理、学史增信、学史崇德、学史力行,发扬党的优良传统。充分激发教师学习的内生动力,做到不忘历史、不忘初心、知史爱党、知史爱国。

利用假期,开展师德优秀典型事迹宣传学习,深入学习"人民教育家""时代楷模""教书育人楷模"等先进事迹,发挥典型示范引领作用,激励教师从"被感动"到"见行动"。推动学习教育不断往心里走、往深处走、往实里走,努力做到从师有"规",从师有"模",从师有"戒"。

开展师德警示教育。组织教职工利用暑期对区教委建立的师德失范曝光平台通报的案例进行学习，定期对全体教师开展师德警示教育；结合十项准则强调课堂教学、师生关系等正面规范和负面清单，以案明纪；配合公安部门建立违法信息库，针对下学年新聘任教师开展入职查询，严格禁止违法犯罪人员从教。

教育是一桩益国益民的宏基伟业，是一个时代的课题，制约教育与时俱进的师德师风教育也是一个长期的过程，通过一个阶段的集中教育难以解决全部问题。为此，学校以专题教育为契机，开拓进取，不断创新，解决问题，创造新业绩，为学校发展与SY区教育作出新的贡献。

3.师德师风建设的主要成效

经过近几年的不懈努力，教师师德师风建设效果良好。一方面，教师自身对职业道德的认识不断提高，并对思想政治的认识领悟更为深刻；另一方面，学生、家长充分肯定学校师德师风的向好趋势，尤其通过开设的学校微信公众号面向家长、学生、社会大力宣传师德标兵、师德先锋、优秀教师的先进事迹，通过正面宣传引导，积极营造崇尚师德、争创师德先进典型的良好舆论环境。

（三）H中学师德师风建设

H中学始建于1971年，占地面积43 683平方米，建筑面积37 000平方米。到2021年，学校有36个教学班，1456名学生，162名教职工，先后入选北京市首批义务教育学校管理标准达标学校、北京市中小学科技教育示范学校名单。其中，北京市优秀教师2人，北京市紫禁杯班主任7人，北京市学生最喜爱的班主任2人，北京市劳动模范1人；区百优班主任2人，区学科带头人1人，区园丁新星2人，区杏坛新秀2人，区骨干教师21人。学校深入贯彻北京市有关加强师德师风建设的要求，加强师德教育、师德考核和师德奖励，得到学生家长的普遍认同。

1. 制定学校师德师风建设方案

学校按照区教育系统关于师德建设的总体部署和具体工作要求，制定师德师风专题教育工作实施方案，以强化师德教育为核心，加强师德师风建设。

（1）健全教师理论学习制度

坚持思想铸魂，用习近平新时代中国特色社会主义思想武装教师头脑。开展习近平新时代中国特色社会主义思想系统化、常态化学习，重点加强习近平总书记关于教育的重要论述的学习，使广大教师学懂弄通、入脑入心，自觉用"四个意识"导航，用"四个自信"强基，用"两个维护"铸魂。

（2）将社会主义核心价值观融入教育教学全过程

坚持价值导向，引导教师带头践行社会主义核心价值观。将社会主义核心价值观体现到学校管理及校园文化建设各环节，进一步凝聚起师生员工思想共识，使之成为共同价值追求。弘扬中华优秀传统文化、革命历史文化和社会主义先进文化，培育科技创新文化，充分发挥文化涵养师德师风功能。

（3）坚持党建引领，充分发挥教师党支部和党员教师作用

建强教师党支部，使教师党支部成为涵养师德师风的重要平台。建好党员教师队伍，使党员教师成为践行高尚师德的中坚力量。重视在优秀青年教师中发展党员工作，完善学校领导干部联系教师入党积极分子等制度。以党史学习教育为主线，强化四史学习教育，开展好"三会一课"，健全党的组织生活各项制度，通过组织集中学习、定期开展主题党日活动、经常开展谈心谈话、组织党员教师与非党员教师结对联系等，充分发挥教师党支部的战斗堡垒作用和党员教师的先锋

模范作用。涉及教师利益的重要事项、重点工作，应征求教师党支部意见。

（4）突出课堂育德，在教育教学中提升师德素养

充分发挥课堂主渠道作用，引导广大教师守好讲台主阵地，将立德树人放在首要位置，融入渗透到教育教学全过程，以心育心、以德育德、以人格育人格。把握学生身心发展规律，实现全员全过程全方位育人，增强育人的主动性、针对性、实效性，避免重教书轻育人倾向。加强对新入职教师、青年教师的指导，通过老带新等机制，发挥传帮带作用，使其尽快熟悉教育规律、掌握教育方法，在育人实践中锤炼高尚道德情操。

（5）突出典型树德，开展优秀教师选树宣传

大力宣传新时代广大教师阳光美丽、爱岗敬业、甘于奉献、改革创新的新形象。深入挖掘优秀教师典型，综合运用授予荣誉、事迹报告等手段，充分发挥典型引领示范和辐射带动作用。组织教师中的优秀教师开展师德宣讲。开展优秀教师选树宣传活动，形成各年级部门有典型、榜样在身边、人人可学可做的局面，用真人真事诠释师德内涵。

（6）突出规则立德，强化教师的法治和纪律教育

以学习《中华人民共和国教师法》《新时代中小学教师职业行为十项准则》等为重点，提高全体教师的法治素养、规则意识，提升依法执教、规范执教能力。强化纪律建设，全面梳理教师在课堂教学、关爱学生、师生关系、社会活动等方面的纪律要求，依法依规健全规范体系，开展系统化、常态化宣传教育。加强警示教育，引导广大教师时刻自重、自省、自警、自励，坚守师德底线。

2. 加强师德师风建设的主要举措

（1）强化组织部署

学校及时召开学校领导班子会议，学习上级师德专题教育相关文

件精神，研究部署整个活动。为确保"师德专题教育"活动扎实、有效开展，成立了以校长为组长、领导班子为成员的活动领导小组。

（2）开展学习活动，研讨分享

向各位教师印发《中小学教师违反职业道德行为处理办法（2018年修订）》《未成年人学校保护规定》进行自学。召开全体教职工大会，学校负责人宣讲加强师德建设的重要意义，发动全体教职工深入开展对师德师风建设的讨论，提高自我认识。积极发挥党建引领和教师党支部的战斗堡垒作用，采取视频形式，以身边案例为警示，深刻吸取教训，抓好警示教育，做到警钟长鸣。

（3）组织优秀教师报告会，弘扬师德楷模精神

召开全体教职工大会，由优秀师德代表发言，宣讲个人先进事迹。全校形成学习先进、争做榜样的良好氛围。

（4）开展教师师德承诺活动

特别围绕严禁在职教师违规开设补习班、参与有偿补习，做好"双减"工作为主题的教师师德承诺活动，主动接受学生、家长和社会监督。

（5）深入开展自查，撰写剖析材料

由各年级、各处室组织深入开展自查工作，对照师德教育要求，进行自我反思，围绕"六学六查"进行深刻剖析。一是学习关爱学生典型，查自己在热爱学生方面有无讽刺、挖苦、歧视学生、侮辱、体罚或变相体罚学生、仅以学习成绩评价学生等现象，是否做到理解、尊重、信任、关爱学生；二是学习教书育人典型，查自己在爱岗敬业方面有无只教书、不育人，不认真备课、上课，不认真批改作业、敷衍塞责，传播有害学生身心健康的思想；三是学习遵章守纪典型，查自己在为人师表方面有无不遵守社会公德、涉黄涉赌，上课期间使用通信工具，在教室及学生活动场所吸烟，工作期间衣着不规范，穿奇装异服，言行粗鲁等现象；四是学习以校为家、团结协作典型，查自己在团结协作方面有

无缺乏主人翁精神和责任意识，有无不团结、不尊重同事，诋毁其他教师在学生中威信，不关心集体的现象；五是学习廉洁从教典型，查自己在廉洁从教方面有无缺乏奉献精神，不能自觉抵制社会不良风气影响，私自从事有偿教学活动，以教谋私，向学生推销资料、乱收费、乱补课，利用学生家长办私事或索取接受学生家长的馈赠等现象；六是学习开拓创新典型，查自己在严谨治学方面有无教学方式单一、教学方法粗暴，是否做到教学方式灵活，因材施教，耐心细致。

（6）注重发现问题，总结经验

经过师德教育，我们对活动进行全面总结，收集整理好各阶段活动的文字、图片、影像等资料，完善师德档案，对活动中表现突出、成绩优秀的进行表彰和奖励。

3.师德师风建设的主要成效

（1）法治观念增强，思想觉悟提高

通过组织教师学习《中华人民共和国义务教育法》《中华人民共和国教师法》《新时代中小学教师职业行为十项准则》等法律法规，全体教职工进一步明确师德师风建设的重要意义。通过教育和对法律法规等文件的学习，广大教师的政治思想觉悟、师德师风水平都有了明显提高。签订师德承诺书，每位教师撰写个人师德自我剖析报告，大大增强了教师的法治观念，规范了教师从业行为，让每位教师自重、自律、自省、自强，提高了师德修养。

（2）关爱学生健康成长，争做学生崇拜的"四有"好老师

在教育教学工作中，全体教师真正关心爱护学生，把爱奉献给每一位学生，少了一些浮躁情绪，多了一份温情和爱心，平等地对待学生，充分激发学生学习的积极性和主动性。广大教师都成为家长、社会信任的教师，成为学生崇拜的有理想信念、有道德情操、有扎实学识、有仁爱之心的"四有"好老师。

（3）树立师德形象，规范文明行为

教书的目的是育人，育人的关键是教师要为人师表。党员教师从微实事做起，从我做起，率先示范，作出表率。教师全体承诺：以高尚的人格感染人；以整洁的仪表影响人；以和蔼的态度对待人；以丰富的学识引导人；以博大的胸怀爱护人。这承诺保证了教书育人、为人师表的时效性，才会让学生"亲其师、信其道"进而"乐其道"。

（4）终身学习，争当楷模

师德楷模教师的精神，不仅为学生树立了榜样，更重要的是对全校教师的榜样示范作用，值得终身学习。正面宣传引导，营造了崇尚师德、争创师德先进典型的良好舆论氛围环境。

第五章

策略研究——
中小学师德师风建设存在的
问题与对策建议

第五章 策略研究——中小学师德师风建设存在的问题与对策建议

基于理论研究、政策研究、调查研究和案例研究，本书课题组发现北京市中小学师德师风建设基本形成了以师德教育、师德宣传、师德激励、师德考核、师德监督和师德惩处六大要素为核心的师德师风建设的长效机制。78.2%的教师认为师德师风建设的长效机制已经建立，80.6%的教师认为师德师风显著改善。95.0%的家长认为学校普遍高度重视师德师风建设，92.0%的家长对师德师风总体表现感到满意。但在具体要素的建设中，仍然存在一定的问题，还需要持续加强建设和改进。

第一节
中小学师德师风建设存在的主要问题

一、师德宣传和师德考核与整体制度建设没有形成合力

相较于师德教育、师德激励、师德监督、师德惩处，教师对师德宣传与师德考核方面的认同度普遍明显偏低。只有60.9%的教师认同师德宣传和41.5%的教师认同师德考核，与其他四项的制度建设认同度存在明显差距。

调查发现，学校对师德师风制度建设构成要素及重要性认识不足，强考核、弱宣传。当前学校层面师德宣传的途径和内容缺乏针对性，对优良师德的宣传更多地依赖区、县层面在特定的节日予以表彰，而忽略了学校内部挖掘阳光美丽、爱岗敬业、甘于奉献的教师新形象和优

秀教师典型在师德宣传中的意义和价值，使教师没有感受到"榜样在身边"、可学可做。同时，家长对优秀教师师德的感知也并不明显。虽然各级教育行政部门在努力尝试多种途径宣传优秀师德，但家长获得典型优秀教师的信息主要来源于孩子（占43.4%）、学校（占36.9%）和媒体（17.7%），而在实际的师德宣传中，学校尚未建立起面向全体学生和家长宣传校内优秀教师师德的制度体系，尚未形成优秀师德信息宣传途径在家长、孩子和学校之间的共振。这导致家长会质疑为什么自己的孩子没有遇到像张桂梅那样的好老师，且对身边朴实无华的教师改革创新新形象认同度不高。在师德考核制度建设中，对师德考核内容规制过细，且过于强调"底线师德"，对考核结果的运用缺乏科学性和人性化。39.0%的教师认为当前的考核制度给自己带来了困扰。在具体实施中以管理权力行使处罚，忽视考核的约束和提醒作用。过细的考核细则、"杀鸡儆猴"式的惩处，影响了教师正常管理班级的合理逻辑，违背了对于教师师德失范行为处罚的目的是重申道德律令权威的初衷。

针对六要素对师德师风建设效果的影响程度，以师德师风建设效果为因变量，以师德教育、师德宣传、师德考核、师德激励、师德监督、师德惩处为自变量，通过线性回归分析发现：师德师风制度建设的好坏与师德教育、师德宣传、师德考核、师德激励、师德监督、师德惩处均有线性回归关系。其中，师德教育对师德师风建设效果影响最大，其次是师德宣传和师德监督，以下依次为师德惩处、师德激励，师德考核影响相对偏小。❶ 而当前轻宣传、重考核的师德师风建设方式，与师德师风制度体系各要素的重要性的发挥并不一致，在一定程度上影响了师德师风建设的整体效果。

---

❶ 具体数据详见调研研究回归分析部分。

二、内在的教师品格对外化的师德行为表现影响仍显不足

经过有效的师德治理,虽然有偿补课、收受礼金等显性师德问题明显改善,但更为隐蔽的"隐性师德"问题依然不容忽视。在对学生的调查研究中发现,同爱党爱国、潜心育人、校园安全防范、言行处事得当、廉洁自律、规范从教六个师德行为表现要素相比,学生对教师传播正能量和关爱学生的师德行为表现认同度相对偏低。学生对教师其他六要素建设的认同度占比平均达到98.2%,传播正能量和关爱学生分别比其低了12.7%和11.0%。在对家长的调查研究中发现,同爱党爱国、传播正能量、言行处事得当、廉洁自律、规范从教五个师德行为表现要素相比,家长对教师校园安全防范、潜心育人和关爱学生的师德行为表现认同度相对偏低。家长对教师其他五个要素建设的认同度占比平均达到98.8%,校园安全防范、潜心育人和关爱学生分别比其低了4.0%、3.6%和3.4%。详见表5-1。

表5-1 学生和家长对教师师德行为表现认同的均值与占比

潜变量	学生		家长	
	均值	百分比/%	均值	百分比/%
爱党爱国	4.90	97.9	4.96	99.1
传播正能量	4.28	85.5	4.94	98.8
潜心育人	4.90	98.0	4.76	95.2
关爱学生	4.36	87.2	4.77	95.4
校园安全防范	4.91	98.1	4.74	94.8
言行处事得当	4.92	98.4	4.95	98.9
廉洁自律	4.92	98.3	4.93	98.6
规范从教	4.92	98.3	4.93	98.6

新时代中小学师德师风建设进展研究
——以北京市为例

教师外在师德行为表现的优劣,得益于教师专业道德内在自觉程度的高下。调查研究中所发现的教师这种外化师德行为表现的欠缺,意味着教师首先应将作为一个道德从业者的专业品格"内化于心"的动力尚显乏力。在学生和家长对教师师德行为表现的评价中,相对偏低的主要在关爱学生、传播正能量、校园安全防范、潜心育人四个维度。这四个维度既有从规则层面的规定要求,又需要有学理层面的深入探讨,才能更好地将规则内化于心,进而外化于行。在《新时代中小学教师职业行为十项准则》中,从正反两个角度,对上述四个维度均做了细致规定。❶如传播优秀文化中,正面要求"带头践行社会主义核心价值观,弘扬真善美,传递正能量",反面禁止"通过课堂、论坛、讲座、信息网络及其他渠道发表、转发错误观点"。潜心育人,正面要求"因材施教,教学相长",反面禁止"违反教学纪律,敷衍教学"。关爱学生,正面要求"严慈相济,诲人不倦",反面禁止"歧视、侮辱、虐待、伤害"学生。加强安全防范中,正面要求"保护学生安全,防范事故风险",反面禁止"擅离职守,自行逃离"。外显的师德行为表现,需要教师内在品格的支撑,二者需要有机结合,才能成为优良师德。在教师专业道德或专业伦理的理论探讨中,教师追求的幸福通常被认为是教师专业伦理的起点,并通过教师的公正、仁慈、义务、良心和人格得以实现。❷其所表述的公正、仁慈、义务、良心和人格等理论要素,均不同程度地呈现了与教师潜心育人、关爱学生、传播正能量和校园安全防范的关系。现实中出现的师德行为表现的不足问题,足以证明学校在日常师德教育

---

❶ 教育部关于印发《新时代高校教师职业行为十项准则》《新时代中小学教师职业行为十项准则》《新时代幼儿园教师职业行为十项准则》的通知[EB/OL].(2018-11-14)[2023-05-30].http://www.moe.gov.cn/srcsite/A10/s7002/201811/t20181115_354921.html.

❷ 檀传宝.教师伦理学专题——教育伦理范畴研究[M].北京:北京师范大学出版社,2010:33.

和师德活动中,更为强调必须遵守的行为规范和准则,教师更多地被动接受自上而下颁布的师德规范和职业规矩,忽略了师德更是一种专业道德或专业伦理,需要培养、培育,乃至在道德实践中研习获得。这种师德行为表现不足,说明教师专业伦理素养内化于心的缺乏,从而导致外化于行的不足。根本在于缺乏通过他律向教师自我教育、向为自己的教育人生去自我立法转化的教育环境,影响了教师自觉修养的动力。

三、"薄弱学校"师德师风建设整体水平偏低

教师对师德师风建设效果的感知与学校位置和办学水平密切相关。城乡接合部学校和"薄弱学校"的教师,普遍认为学校师德师风建设整体水平偏低。方差分析显示,不同办学水平学校的教师对师德师风建设效果感知存在非常显著的差异($P<0.001$),并呈现出办学水平越低,师德师风建设越差的趋势。不同区域学校的教师同样对师德师风建设效果感知存在非常显著的差异($P<0.001$),其中,城乡接合部学校最低,依次向好为乡村学校和城区学校,呈现出连接城和乡之间的城乡接合部学校出现"中间塌腰"的情形。详见表5-2。

表5-2 教师对师德师风建设效果的方差分析结果

变量	选项	均值	F值	显著性
办学水平	低水平	3.70	9.066	0.000
	相对低水平	3.71		
	中等	3.87		
	相对高水平	3.98		
	高水平	4.19		
区域	乡村	3.92	8.492	0.000
	城乡接合部	3.82		
	城区	4.04		

不同区域和不同办学水平学校的学生和家长对教师的师德行为表现同样存在不同程度的差异。方差分析显示，不同区域学校学生对教师爱国爱党、传播正能量、潜心育人、关爱学生、校园安全防范、言行处事得当的师德行为表现存在差异（$P<0.05$），对廉洁自律和规范从教的师德行为表现不存在差异，呈现出城乡接合部学校教师的师德行为表现低于乡村学校、乡村学校低于城区学校的趋势。不同办学水平学校学生对八项教师师德行为表现均存在非常显著的差异（$P<0.001$），呈现出办学水平越低的学校，师德行为表现越差的趋势。不同区域学校家长对教师爱国爱党、传播正能量、潜心育人的师德行为表现存在差异（$P<0.05$），对教师关爱学生、校园安全防范、言行处事得当、廉洁自律和规范从教的师德行为表现存在显著差异（$P<0.01$），同样呈现出城乡接合部学校较差，乡村学校和城区学校依次向好的趋势。不同办学水平学校的家长对八项教师师德行为表现均存在非常显著的差异（$P<0.001$），同样呈现出办学水平越低的学校，师德行为表现越差的趋势。校际差距直接影响师德师风建设效果。详见表5-3。

表5-3 不同群体学生、家长对师德行为感知差异性检验

类别		爱国爱党	传播正能量	潜心育人	关爱学生	校园安全防范	言行处事得当	廉洁自律	规范从教
学生	乡村	4.76	4.66	4.72	4.66	4.74	4.75	4.84	4.78
	城乡接合部	4.75	4.59	4.69	4.63	4.68	4.71	4.74	4.75
	城区	4.85	4.75	4.81	4.77	4.81	4.83	4.85	4.84
	F值	3.205*	3.344*	3.556*	3.802*	4.066*	3.562*	2.484	1.705
	低水平	4.58	4.17	4.56	4.44	4.53	4.54	4.58	4.38
	相对低水平	4.72	4.64	4.57	4.51	4.58	4.60	4.68	4.68
	中等	4.72	4.63	4.69	4.62	4.69	4.71	4.77	4.73
	相对高水平	4.89	4.79	4.82	4.79	4.82	4.85	4.84	4.85
	高水平	4.93	4.81	4.92	4.90	4.93	4.93	4.94	4.95
	F值	9.276***	6.097***	10.817***	13.068***	11.809***	11.960***	7.600***	10.398***

续表

类别		爱国爱党	传播正能量	潜心育人	关爱学生	校园安全防范	言行处事得当	廉洁自律	规范从教
家长	乡村	4.79	4.81	4.79	4.74	4.74	4.77	4.77	4.76
	城乡接合部	4.77	4.76	4.68	4.61	4.65	4.66	4.67	4.67
	城区	4.85	4.85	4.78	4.76	4.78	4.79	4.82	4.81
	F值	3.521*	3.020*	3.121*	6.354**	5.027**	5.875**	6.310**	6.020**
	低水平	4.63	4.61	4.40	4.41	4.44	4.41	4.51	4.52
	相对低水平	4.70	4.65	4.41	4.42	4.47	4.42	4.64	4.52
	中等	4.78	4.79	4.69	4.67	4.68	4.7	4.73	4.71
	相对高水平	4.87	4.86	4.82	4.79	4.81	4.82	4.85	4.84
	高水平	4.93	4.91	4.89	4.87	4.88	4.9	4.89	4.9
	F值	8.964***	7.297***	17.675***	14.155***	14.172***	16.715***	7.727***	12.936***

从整体上看，城区学校和乡村学校的师德师风建设效果整体好于城乡接合部学校，与国家不断推进城乡均衡发展、不断加强乡村教师队伍建设密切相关，乡村学校办学质量和乡村教师整体素质提升较快。城区学校传统发展的强势作用，以及补齐乡村学校和乡村教师队伍短板的政策要求和倾斜，有力缩小了乡村学校与城区学校的差距。[1]相较于城区和乡村学校，城乡接合部学校既没有传统的发展优势，又缺乏政策支持和倾斜，且城乡接合部学校与办学水平偏低学校的交叉度明显较高。调查数据显示，城乡接合部学校中办学水平偏低的学校达到16.4%，比城区和乡村分别高出11.5%和10.8%。学校教师在面临与城区教师教学压力相当的情况下，却承受着教学环境、教师管理和待遇保障相对较低导

---

[1] 高慧斌.短板下的聚焦：乡村教师政策演变分析——基于《国家中长期教育改革和发展规划纲要（2010—2020年）》实施十年的思考[J].河北师范大学学报（教育科学版），2021（2）：72-79.

致的教师心理压力和职业倦怠，引发师德师风建设推进不足，导致学生和家长对教师在某些师德行为表现上的不认同。在缺乏相关政策支持的情况下，教育行政部门因在着力优势和缩小差距中，无力顾及相对薄弱的城乡接合部学校，忽视对其师德师风建设的监督和评估，在一定程度上导致这类学校的"塌腰"。

第二节 中小学师德师风建设的对策建议

一、以教师专业伦理教育为基础，进一步加强分层分类师德教育

现代教师职业的存在和持续发展，在于这一职业需要专业支持，其专业性是其存在的根本。其职业道德更需专业伦理的指引。在已有师德教育体系和内容的基础上，在不断加强所有教师追求幸福、坚守公正、满怀仁慈、强制义务、恪守良心、保持人格的专业伦理教育的同时，应关注教师职业生涯特征，针对教师不同学段和发展阶段，开展不同层面和层级的师德培育。这是因为教师角色具有显著的学段特征，教师的社会角色、人际关系具有明显的学段特性。学前阶段的教师是"保育者"，小学阶段则是"师尊"，中学阶段是"业师"，大学阶段则变为"导师"。这意味着不同学段"教师专业伦理的内容结构及其权重都会发生重大的改变"[1]。小学教师基于小学生的身心脆弱性、稚嫩性和义务教育的强制

---

[1] 檀传宝. 学段特性与教师伦理的时间之维［J］. 教育研究，2020（12）：14–17.

第五章　策略研究——中小学师德师风建设存在的问题与对策建议

性的特点，加强教师仁慈之爱与公正等专业伦理的教育。❶中学教师基于中学生青春期带来的青少年文化的独特性，加强教师价值观、文化理解与对话专业伦理的培育。❷职前阶段关注师德的引导和示范等内容。入职阶段重点关注师德养成的具体时间，通过具体的道德指引即道德规范，促使教师不断塑造自我的"人师"形象。职后发展阶段应注重教师自觉型的培育方式，让教师更好地发挥自身的主动性，自愿自主地践行道德行为。❸应实现从外在制度和规范的师德教育，向内化为师德行为转变，达到教师"德性"的高度。

二、以学校为基地，面向教师、学生、家长，开展好教师在身边的宣传，进一步完善师德宣传方式

宣传的重要价值在于，"如鸟之两翼，车之两轮，不可缺一"❹。其作用就在于"统一思想、凝聚力量、激励奋进、彰显风范"❺。对于优良师德师风的宣传，我国一直高度重视，基本形成了多种途径并存的有效宣传路径，在导向、引领、激励、表彰等方面发挥着重要作用。但在向教师群体宣传的过程中，往往让教师体会到那些榜样远在云端，并不是自己所能企及和效仿的。而家长获得优秀师德师风典型案例的最佳途径

---

❶ 李敏.优良道德与关键道德：小学教师专业伦理的内容思考[J].教育科学，2020(4)：44-50.

❷ 杨启华.中学场域的文化张力与中学教师专业伦理特点[J].教育研究，2020(12)：24-27.

❸ 孟繁华，袁梅.新时代培育—治理—评价（CGE）师德建设三维模型[J].教育学报，2021(5)：134-144.

❹ 建党以来重要文献选编（1921—1949）：第十八册[M].北京：中央文献出版社，2011：430.

❺ 杨雪，王文娟.新民主主义革命时期党的宣传工作四重维度与新时代启示[J].南方论刊，2023(2)：3-5.

是学校和孩子。因此，宣传途径和方式应以符合需求为导向，才会更有效果。应进一步优化宣传途径，以学校为中心，深入挖掘、树立和宣传学校优秀教师典型，激励教师榜样在身边、人人可学可做。面向学生和家长既宣传学校师德行为表现良好、持之以恒履行职责教师的新形象，又引导学生和家长信任教师、尊重教师，进而形成学校、家庭，乃至全社会同向发力的尊师重教的氛围。

三、以重申道德命令和法治思维为重点，进一步加强师德治理

对师德监督、考核、惩处是师德治理的重要内容。三者的终极目的"旨在重申道德命令"❶的权威，"不是出于对教师错误行为的报复，也不是杀鸡骇猴进行威慑"❷。这样才能让师德建设走向更好。因此，应进一步健全监督机制，形成教育行政机构、学校、同侪、学生和家长共同参与的监督体系，不能片面相信任何某一方。同时，丰富师德考核中正向引导内容，加强正面的激励考核，以此促进教师对考核的积极认同。在惩处过程中，对师德失范行为的错误性质进行行为定性，并区别对待、分层治理。❸以建立"明确的责任清单和清晰的追责机制等方式实现教师惩戒机制的法治回归"❹，并"通过推进多元主体参与的社会共治、成立教师自律的同行认定组织等途径，

---

❶ 爱弥尔·涂尔干.道德教育[M].陈光金，沈杰，朱谐汉，译.上海：上海人民出版社，2006：123.

❷ 程红艳，陈银河.超越纵容默许与重拳出击：师德失范行为治理的对策研究[J].中国教育学刊，2019（2）：64-69.

❸ 张旦生，张振改.政策工具视角下师德分层治理的路径探索[J].教育科学研究，2015（8）：26-29.

❹ 唐瑭.高校教师惩戒机制的法治迷失及其价值回归——以高校教师师德失范行为的"网络舆论审判"事件为例[J].教育发展研究，2019（7）：77-84.

慎重处理师德热点及难点问题，进而实现标本兼治"❶。

四、以专项督导为导向，进一步强化城乡接合部学校师德师风建设

教育督导是制度权威和行政权威❷的一种体现。教育督导在乡村学校建设和乡村教师队伍建设中发挥了重要作用，有效缩短了教育发展的这一短板。因此，借鉴乡村学校建设和乡村教师支持计划的经验，以督导的方式，加强师德建设的督导具有重要意义。应加强教育行政部门对城乡接合部学校的专项督导，进一步推进城乡接合部学校师德建设，优化教师管理，提高教师待遇。在师德养成中，应加大对城乡接合部学校教师的职业态度、职业理想的培育，并通过督导的方式强化培育内容和要求的执行和落地，进而引导城乡接合部学校的教师端正对学生、家长和教育教学的态度，并基于教师专业伦理和关怀理论，提升教师的道德教育情怀，进而走向生命关怀和德性自觉。

---

❶ 程红艳，陈银河.超越纵容默许与重拳出击：师德失范行为治理的对策研究［J］.中国教育学刊，2019（2）：64-69.
❷ 黄海涛，钟迪威.提升教育督导权威是教育督导"长牙齿"的时代需求［J］.教育发展研究，2020（Z1）：11-18.

后　记

师德是需要持续深入研究的领域。就个人研究感悟来讲，一直觉得师德虽然人人都可以说上两句，但真正有所建树是非常艰难的。在道德实践中，始终保持理论思辨、情感觉察，再重新回到实践是多么不容易。尤其当基于工作需要，在我开展这项研究的过程中，更加深切体会到其中的艰辛。既钦佩、赞叹、感谢在这一领域引领理论、实践不断充实、向好的专家、学者，又感叹自己开展这项研究的能力有些羸弱。好在，前人的研究让我获益良多，才得以按照自己的理解和思路完成了该项目，期待为中小学师德师风建设略尽绵薄之力，但依然尚有诸多遗憾，且需下大功夫。

在研究的过程中，我得到了首都师范大学蓝维教授、中国教育科学研究院毕诚研究员、《中国教育报》杨桂青编审的指导。本书第一章、第二章、第三章、第五章均由我独立撰写，第四章案例研究撰写中的区层面资料分别由门头沟区张慧萍、密云区崔永学、顺义区单德芳提供，学校资料分别由上述三位老师组织、协调本区学校提供，经我整理、修改最终完成。在问卷调查中，还得到北京教育科学研究院赖德信副研究员、北京幼稚集团郝建玲副书记的无私帮助。在此一并感谢！

谨以此书献给亲爱的中小学教师们！

高慧斌
2023 年 9 月